O'ktamova Shohista Odilbek qizi

Talaba qizlarni oilaviy hayotga psixologik adaptatsiyasiga ta'sir qiluvchi omillar tahlili

(uslubiy qo'llanma)

© O'ktamova Shohista Odilbek qizi
Talaba qizlarni oilaviy hayotga psixologik adaptatsiyasiga ta'sir qiluvchi omillar tahlili
By: O'ktamova Shohista Odilbek qizi
Edition: July '2024
Publisher:
Taemeer Publications LLC (Michigan, USA / Hyderabad, India)

ISBN 978-93-5872-514-8

© O'ktamova Shohista Odilbek qizi

Book	:	Talaba qizlarni oilaviy hayotga psixologik adaptatsiyasiga ta'sir qiluvchi omillar tahlili
Author	:	O'ktamova Shohista Odilbek qizi
Publisher	:	Taemeer Publications
Year	:	'2024
Pages	:	50
Title Design	:	*Taemeer Web Design*

Mazkur o'quv uslubiy qo'llanmada talaba qizlarni oilaviy hayotga psixologik adaptatsiyasiga ta'sir qiluvchi omillar to'g'risidagi fikrlar yoritilgan. Oilaviy hayot tushunchasining zamonaviy psixologiya fanidagi mohiyati, oilaviy hayot va undagi munosabatlarning psixologik jihatlari, yoshlarni oilaviy hayotga adaptatsiyasining asosiy omillari va muammolari, oilaviy hayotga psixologik tayyorgarlikning yoshga oid jihatlarini amaliy jihatdan o'rganilib, tadqiqot natijalari tahlil yuzasidan nazariy va amaliy ma`lumotlar bayon qilingan.

Mazkur o'quv uslubiy qo'llanma Oliy ta'lim muassasalari Psixologiya ta'lim yo'nalishi talabalari, oila markazlari va amaliyotchi psixologlar, hamda barcha qiziquvchilar uchun mo'ljallangan.

Mas'ul muharrir: dotsent. M.X. Djumaniyazova

Taqrizchilar: UrDU Pedagogika va psixologiya dotsenti U.Latipova

Ma'mun universiteti Psixologiya va tibbiyot kafedrasi dotsenti I.K. Jumaniyozova

O.O'ktamova. Talaba qizlarni oilaviy hayotga psixologik adaptatsiyasiga ta'sir qiluvchi omillar tahlili (uslubiy qo'llanma)

MUNDARIJA

Kirish……………………………………………………………………

1. Oilaviy hayot tushunchasining zamonaviy psixologiya fanidagi mohiyati……

2. Oilaviy hayot va undagi munosabatlarning psixologik jihatlari………………

3. Yoshlarni oilaviy hayotga adaptatsiyasining asosiy omillari va muammolari

4. Oilaviy hayotga psixologik tayyorgarlikning yoshga oid jihatlarini amaliy jihatdan o'rganish……………………………………………………

Xulosa…………………………………………………………………..

Foydalanilgan adabiyotlar ……………………………………………

Kirish

Mamlakatni modernizatsiya qilish jarayonlari fuqarolik jamiyatining muhim instituti bo'lgan oilaning yaxlit tizimi, iqtisodiy, ijtimoiy, ma'naviy, mafkuraviy asoslariga ham ta'sir qiladi. Ayni paytda O'zbekistonda 7,5 milliondan ziyod oila mavjud. Shu oilalardagi real jarayonlar, xususan, nikoh, ajrim, tug'ilish, o'lim, aholining reproduktiv ustanovkalari, ya'ni nechta farzand ko'rishga nisbatan intilishi, xohish-istaklari, real daromadlar, migrasiya holatlari kabilar mamlakatdagi demografik vaziyatni belgilovchi omillardir.

Oilada sog'lom muhitni shakllantirish, mustahkam oilani vujudga keltirish, oilada to'g'ri munosabatlarni qaror toptirish, oila tarbiyasi samaradorligini oshirish ko'pgina davlat hujjatlarida o'z aksini topgan. Zero, Respublikamizda oila va oilaviy munosabatlarga e'tibor davlat siyosati darajasiga ko'tarilgan. Buning yorqin misoli sifatida 2023 yil 30 oktyabrda qabul qilingan O'zbekiston Respublikasining Konstitutsiyasini e'tirof etish mumkin[1]

Bugungi kunda kelajak avlodning bo'lg'usi ota-onalarni, ya'ni yoshlarni oilaviy hayotga tayyorlash eng asosiy dolzarb muammolaridan biri hisoblanadi. Zero, bola tarbiyasiga oilada ota - ona ma'sul bo'ladi.

Bizga ma'lumki, hozirda mamlakatimizda yoshlarga, ularning ilm olish va kasb-hunar egasi bo'lishiga katta e'tibor berilmoqda. Har bir yigit-qizning ta'lim maskanlarida o'qib, biror mutaxassislikni egallashi ob'ektiv hodisa bo'lishi bilan birga, uning yosh jihatidan oila qurishi ham inkor etilmaydigan qadriyatdir.

Bizning fikrimizcha, oila muammosini tadqiq qilishda, avvalo bugungi yoshlarni oilaviy hayotga tayyorlash masalasiga alohida e'tiborni qaratish lozim. Chunki ko'p hollarda turmush qurgan ikki yosh o'rtasidagi o'zaro munosabatlarning nozik jihatlari haqida etarli bilim, zaruriy ko'nikma va malakaga ega bo'lmaslik,

---

[1] Mazkur yangi tahrirdagi O'zbekiston Respublikasi Konstitutsiyasi 2023 yil 30 aprel kuni o'tkazilgan O'zbekiston Respublikasi *referendumida* umumxalq ovoz berish orqali qabul qilingan. https://lex.uz/docs/6445145

qolaversa, ikki yoshning bir-biri hamda oilaviy rollarning taqsimlanishi to'g'risidagi adekvat tasavvurlarning shakllanmaganligi ular munosabatlarining ijobiy kechishi va dinamik jihatdan rivojlanishiga salbiy ta'sir ko'rsatmoqda. Yoshlarni oilaviy hayotga tayyorlashning psixologik xususiyatlarini o'rganish va tadqiq etish juda muhimdir. Chunki bu orqali hozirgi o'zbek oilasining mustahkam va baxtli etish yo'llarini aniqlash mumkin. Shunday ekan, oilaviy hayotga psixologik tayyorgarlikning yoshga oid jihatlarini eksperimental o`rganish dolzarb masala hisoblanadi.

1. Oilaviy hayot tushunchasining zamonaviy psixologiya fanidagi mohiyati

O'rganilayotgan muammo bo'yicha ilmiy adabiyotlar tahlili shuni ko'rsatdiki, oilaviy hayot bilan bog'liq bo'lgan muammolar bor va ular barcha davrlarda, turli tadqiqotchilarning diqqat-e'tiborini o'ziga tortib dolzarb bo'lib qolaveradi. Bugungi kunda bu tushuncha turlicha va xar tomonlama talqin qilinmoqda. Ushbu hodisani oilaning, nikohning yuzaga kelishi, oilaviy munosabatlarning rivojlanishi va turlicha nuqtai nazardan o'rganishga mantiqan bag'ishlangan, ko'plagan tadqiqotlar mavjud bo'lib, ularni ko'rib chiqish orqali bizni qiziqtirayotgan tushunchaning (oilaviy hayot) mohiyatini mazkur dissertatsiya ishiga qo'llagan holda ochib berish maqsadga muvofiq deb hisoblaymiz.

Ko'pgina tadqiqotchilarning fikriga ko'ra, zamonaviy oila butun jamiyatning mikrosotsiumi sifatida uning barcha ehtiyojlarini va manfaatlarini namoyon qiladi, xuddi shuningdek, uning barcha o'zgarishlarini aks ettiradi[2]. O'z navbatida, oilaviy hayot dinamik, negaki jamiyat rivojining butun bosqichiga taalluqli xususiyatlarga ega, ular orasida ijtimoiy-psixologik xususiyatlari etakchi hisoblanadi.

E.G.Eydemiller fikricha, oila bu kichik ijtimoiy guruh, sotsiumning har qanday elementi sifatida birlashish xarakteri bilan farq qiladi. Oilaning muhim ijtimoiy zarurati shuki, uning yo'q bo'lishi butun insoniyatning yo'qolishiga olib kelishi mumkin[3].

Bugungi kunda oila va insonlararo munosabatlar muammolari qadimiy va dolzarbdir. Hayotning bu sohasiga qadimgi allomalar, faylasuflar, olimu yozuvchilardan tortib hozirgi zamon tadqiqotchilari ham o'z diqqatlarini qaratganlar. Shaxsning oilada shakllanish jarayoni nuqtai nazaridan keng ma'noda o'rganildi. Bu yo'nalishda Respublikamiz etuk psixologlari tomonidan oila va shaxslararo munosabatlar psixologiyasi, shaxs ulg'ayishidagi ijtimoiy va nasliy omillar mavzularida ko'plab tadqiqot olib borgan G'.B.SHoumarov, V.M.Karimova,

---

[2] Шнайдер Л.Б. Основы семейной психологии: Учебное пособие.- М.: изд-во Московского психолого-социального института; Воронеж: изд-во НПО «МОДЭК», 2003. – 59 с

[3] Эйдемиллер Э.Г. Психология и психотерапия семьи . - СПб.: Питер, 2008. - 672 с.

I.YA.Yoqubov, E.G'.G'oziev, B.R.Qodirov, O.M.Musurmonova, R.S.Samarov, B.M.Umarov, O'.B.SHamsiev, N.A.Sog'inov, F.A.Akramova, N.N.Salaeva, N.X. Lutfullaeva, O.A. Abdusattorova, X.R. Xaydarova va boshqalar tadqiqotlarida o'rganilgan va o'rganilmoqda.

G'.B.Shoumarov, I.O.Xaydarov, N.A.Soginov va boshqalarning fikricha, oila bu nikohga yoki qondosh qarindoshlikka asoslangan, oila a'zolari turmush, umumiy yashash, umumiy manfaatlar, tuyg'ular, intilishlar bilan bog'langan, aloqalar, hamkorliklar va munosabatlar tizimi va unda shaxsning va jamiyatning ehtiyojlari qanoatlantiriladi. Nikoh tushunchasi, qoida tariqasida, erkak va ayolning umumiy manfaat, bo'lajak farzandlarni tug'ish va tarbiyalash, naslni davom qildirish, umumiy xo'jalik yuritish, birgalikda yashash va boshqalar maqsadidagi alohida bog'lanish ko'rinishida yoritiladi[4].

V.M.Karimova[5], tomonidan o'tkazilgan tadqiqotlar oila, nikohga qaraganda, yanada murakkab va ko'p qirrali munosabatlar tizimi ekanligini ko'rsatadi, negaki u, ko'pgina hollarda nafaqat sheriklarni, ya'ni er va xotinni, balki ularning farzandlarini ham, shuningdek, boshqa qarindoshlarni ham birlashtiradi. Bundan tashqari, oila, mualliflarning fikricha, o'zining mohiyati bo'yicha, o'zi unda faoliyat yuritadigan butun jamiyatning umumiy modeliga juda yaqin. Oila orqali insonlar avlodi almashadi, unda inson tug'iladi, u orqali nasl-nasab davom qiladi. Nikoh-oilaviy munosabatlar, shaxs hayoti faoliyatining muhim sohasi sifatida, uning hayotiy sifatini belgilab, hayotiy hududini tarkib toptiradi, shaxs sifatida o'zligini namoyon qilish maydoniga aylanadi. Bunda oila instituti paydo bo'lishining va faoliyat yuritishining muayyan xususiyatlari zamonaviy hayotning o'ziga xosligiga bog'liq bo'ladi.

Professor V.M.Karimovaning doktorlik dissertatsiyasida olib borilgan tadqiqot ishlari ham aynan oila va uning atrofidagi barcha ijtimoiy-psixologik tushunchalar ya'ni jinsiy sotsializatsiya, jinsiy farqlar, ayollik va erkaklik fazilatlari, ota-ona va

---

[4] Sog'inov N.A., Xabibullaev X. Oilani o'rganish psixologik testlari to'plami. – T., 1996. –8 b

[5] Каримова В.М. Ўзбек ёшларида оила тўғрисидаги ижтимоий тасаввурларнинг шаклланиши. Психология фанлари докторлиги илмий даражасини олиш учун ёзилган диссертация. – Т.: 1994. – 312 б.

bolaning o'zaro munosabatlari to'g'risidagi tasavvurlari shakllanishining ijtimoiy-psixologik xususiyatlarini tahlil etish bilan bog'liq bo'lganligi o'zbek psixologiyasiga oilaviy ijtimoiy tasavvurlar (OIT) tushunchalarini kiritilishi bilan fanga hissa bo'lib qo'shildi.

Jumladan, V.M.Karimova oila va uning qadriyatlari to'g'risidagi tasavvurlar shakllanishining bir qancha bosqichlarini ko'rsatib o'tadilar:

1. Oilaviy tasavvurlar shakllanishining umumijtimoiy sohasi.

2. Oilaviy tasavvurlarning etik-normativ tomoni.

3. Oilaviy rollarning huquqiy sohasi.

4. Oilaviy rollarning xo'jalik-iqtisodiy tomonlari.

5. Oilaviy rollarning reproduktiv tomoni[6].

Oilaviy ijtimoiy tasavvurlar-kompleks xarakterga ega bo'lgan murakkab psixologik tizimki, uning tarkibiga oilaviy munosabatlar va ular haqidagi shakllanadigan barcha bilimlar va tushunchalar kiradi.

Maxsus psixologiya va oila psixologiyasi doirasida, G'.B.SHoumarov va uning izdoshlari tomonidan amalga oshirilgan tadqiqot ishlar o'z originalligi bilan amaliy ahamiyat kasb etadi.

G'.B.Shoumarovning tadqiqot ishida yosh oila muammolarining bir qator xususiyatlari ko'rsatib o'tilgan[7]. Jumladan:

yosh oila funksiyalarini konkret belgilab olishga hamda yosh er-xotinning jinsiy, rolli munosabatlarini shakllanish davrining ahamiyatliligi;

yosh oilaning ijtimoiy-psixologik xarakteristikalari kengroq va birma-bir kuzatilganligi hamda shakllantirilganligi;

bola shaxsining shakllanishida oilaning tarbiyaviy roli va funksiyasining muhimligi;

---

[6] Karimova V.M. O'zbek yoshlarida oila to'g'risidagi ijtimoiy tasavvurlar shakllanishi: Psixol. fan. dok. dis.: 19.00.05. – T.: FarDU, 1994.

[7] Шоумаров Ғ.Б. "Оила психологияси". Академик лицей ва касб-ҳунар коллежлари ўқувчилари учун ўқув қўлланма. - Т.: Шарқ, 2000.- 65 б.

bola shaxsining shakllanishida ota-onalarning roli va ahamiyati;

ota-ona oilasining ba'zi xususiyatlari (bir farzandlilik, ota-onaning ma'lumotsizligi, muloqot madaniyatining past ekanligi, baxtsizligi, va h.k.)

iqtisodiy kam ta'minlanganligi va uy-joy tanqisligiga e'tibor qaratilgan.

So'nggi yillarda oila psixologiyasiga mansub bir qator ilmiy izlanishlar mamlakatimizdagi turli burchaklarda yashovchi psixologlar tomonidan olib borildiki, ular oila munosabatlarining pedagogik, etnik, ijtimoiy-siyosiy jihatlarini tahlil etishga qaratilgan edi. Bu borada o'lkamizda yashab kelayotgan o'zbeklar singari tojik, qirg'iz, rus, koreys xalqlari oilasining o'ziga xos xususiyatlarini inobatga olib o'rganilishini ko'rishimiz mumkin.

Ushbu tadqiqot shuningdek, yosh oilalardagi er-xotin o'rtasidagi ziddiyatlarning ijtimoiy-psixologik va etnopsixologik ahamiyatini ham aniqlab olishga imkon berdi. X.K.Karimovning "O'zbek oilasidagi er-xotin o'rtasidagi ziddiyatlarning ijtimoiy-psixologik xususiyatlari" nomli ilmiy ishlarida esa, ilmiy tarzda er-xotin ziddiyatlar psixologiyasi, o'zbek oilasidagi er-xotin ziddiyatlarining turli shakllari va etnopsixologiyasini xarakterlovchi bir qancha etnopsixologik xususiyatlar kuzatilgan[8]. Muallif tomonidan er-xotin ziddiyatlar klassifikatsiyasi ishlab chiqildi. X.K.Karimov tomonidan olib borilgan ilmiy izlanish o'zbek oilalarida sodir bo'ladigan er-xotin o'rtasidagi mojarolarning ijtimoiy-psixologik faktorlarini aniqlashga imkon yaratdi. Ziddiyatli guruhga mansub o'zbek oilalar xoh shahar tipidagi bo'lsin, xoh qishloq ko'rinishidagilarning ko'pchiligida nikoh oldi tanishuvning kichik bo'lganligi sababli, bo'lajak turmush o'rtog'ining shaxsiy individual-psixologik xususiyatlarini bilmasliklariga olib keladi, hamda umr yo'ldoshni tanlashda xatolikka yo'l qo'yishni keltirib chiqaradi.

"Tojik oilalarida er-xotin ziddiyatlarining ijtimoiy etnopsixologik xususiyatlari" nomli R.S.Samarovning ilmiy ishlarida zamonaviy tojik oilasining muammolarini xususiyatlari ob'ekt sifatida tanlab olingan edi. Bu tadqiqotda muallif

---

[8] Каримов Х.К. Социально-психологических особености супружеских конфликтов в узбекской семье. Дисс.канд.психол.наук.-Т., 1994

tomonidan yuqori avtoritarlikka ega, etakchi bo'lgan turmush o'rtog'ida, hissiy-emotsional yaqinlikning past darajadagi ekanligi aniqlangan[9].

Barqaror bo'lmagan, ziddiyatlar ko'p uchraydigan oilalarda ziddiyatning asosini turmush o'rtog'ining shaxsiga xos xususiyatlar deb izohlansa, baxtiyor oilalardagi er-xotin orasidagi ziddiyatlarda mas'uliyat hissining namoyon bo'lishi ayon bo'lgan. Shuningdek, tojik oilalarining etnopsixologik xususiyatlaridan biri yosh, shakllalayotgan oilaga ota-onalarning aralashuvi bo'lib, gohida bu er-xotin orasidagi rolli munosabatlarning o'z vaqtida shakllanishiga salbiy ta'sir etishi mumkinligi ta'kidlab o'tiladi. Er-xotin orasidagi ko'pgina ziddiyatlarning yana bir sababi, oilaviy rollarning taqsimlanish jarayonida er va xotinning fikrlari mos kelmasligidadir. Muallifning ko'rsatib o'tishicha, tojik oilasi hozirgi vaqtda an'anaviy shakldan yangi shaklga o'tish davrida ekanligini ma'lum bosqichgacha zamonaviy beqarorligi tushuntira oladi, deb fikrlaydi

S.Alievaning fikricha, har qanday jamiyatning rivojlanishi va faoliyat yuritishi, uning boshlang'ich va asosiy xalqasi bo'lgan oila institutiningpaydo bo'lishi va faoliyat yuritishi bilan to'g'ridan-to'g'ri o'zaro bog'liq. U insoniyat avlodi hayotini obodonlashtirish, bilogik va ijtimoiy tartibga keltirish uchun yaratiladi. Shunga bog'liq holda, oila qurish, shuningdek, oilaviy hayot, qonuniy jarayon bo'lib, hayot yo'llarini umumiy farovonlik uchun birlashtirayotgan erkak va ayol o'rtasida shunday o'zaro munosabatlarni yuzaga kelishini nazarda tutadi[10].

A.G.Liders oila ochiq ijtimoiy tizim ekanligiga e'tiborni qaratadi, negaki u tashqi muhit bilan doimo o'zaro munosabatda bo'ladi. Tug'ilgandan boshlab to o'lgunicha inson hayoti, qoida sifatida, uning bilan bog'liq. Oilada shaxsning shakllanishi va o'zligini namoyon qilishi yuz beradi, u individ uchun muhim bo'lgan, homiylik va g'amxo'rlik qilish, ijtimoiy-psixologik himoya kabi vazifalarni bajaradi, xuddi shuningdek, uning a'zolari uchun ruhiy salomatlikni saqlashga ko'maklashadi.

---

[9] Самаров Р.С. Социальные и этнопсихологические особенности супружеских конфликтов в таджикской семьи. Автореф. дисс.канд. психол. наук.- Ташкент, 1997- 19с.

[10] Алиева С. Семейная психология в исламе. - М.: Луч : Bookscriptor, 2018. - 285 с.

Bundan tashqari, oila shaxsning, hoh erkak, hoh ayol bo'lsin, qiyin sharoitlarga moslashishga yordamlashadi va bir vaqtning o'zida, ahamiyati doimiy tarzda o'sib boruvchi muhim shaxsiy ehtiyojlarni qanoatlantiradi. Ular orasidan quyidagilarni ajratish mumkin:

- birlikni his etish;
- xususiy yaxlitlikni va individuallikni sezish;
- ishonchli muloqot;
- bir-biriga g'amxo'rlik qilish;
- hamkorlik va b.

Shunday qilib, bugungi kunda oila shaxsiy va oilaviy farovonlikni tashkil qilishning muhim instituti sifatida mustaqil ahamiyat kasb etadi. An'anaviy rollar o'rniga munosabatlar va faoliyatning maqsadlari, ehtiyojlari, qarashlari va hissiyotlari umumiyligiga asoslangan silliq, qayishqoq kooperatsiyasi vujudga keldi. Bunday faoliyat kundan kunga soni ortib borayotgan oilalar uchun nafaqat idealga, balki xaqiqatga va yangi tipdagi oilalarning muhim xarakteristikasiga aylanmoqda[11].

O.G.Proxorova bugungi kunda oila noyob ijtimoiy institut, inson va jamiyat o'rtasidagi vositachi sifatida maydonga chiqayotganligini ta'kidlaydi. U orqali asosiy qadriyatlar avloddan avlodga beriladi, aynan oilaviy muhitda jamiyat rivojlanishi jarayoniga, ishlab chiqarishga va jamiyatda munosabatlarining yuzaga kelishiga ta'sir qilishning quvvatli kuchi jamlangan. Oila ijtimoiy institut sifatida faqat shundagina qaralishi mumkinki, qachon unga oilaviy munosabatlarning asosiy uch ko'rinishi, ya'ni nikoh, otalik va qarindoshlik aloqalari, xarakterli bo'lsa. Agar ushbu ko'rsatkichlardan loaqal bittasi bo'lmasa, u holda oilaviy guruh tushunchasini ishlatish maqsadga muvofiq bo'ladi. Bundan tashqari, olimning fikricha oila nafaqat umumiy yashash joyi va iqtisodiy qaramlik bilan, balki hissiy sezgilar, alohida

---

[11] Лидерс. А.Г. Психологическое обследование семьи: Учеб. пособие - практикум для студ. фак. психологии высш. учеб. заведений. - М.: Издательский центр «Академия», 2006. - 432 с.

munosabatlar bilan ham bogʻliq boʻlgan sheriklardan, qarindoshlardan tashkil topgan ma'naviy-axloqiy birlashma sifatida maydonga chiqadi[12].

A.Varga oilani, unda ajratilgan, biroq oʻzaro bogʻliq boʻlgan kichik tizimlari mavjud boʻlgan, yagona butun, psixologik, biologik organizmli tizim sifatida qaraydi, ular orasida:

er-xotinlik, ya'ni er-xotinlarning sherikchilik xulqi oʻzaro jinsiy munosabatlarning modeli sifatida namoyon boʻladi, bu er-xotinlarning yuzaga kelishi uchun juda muhim;

ota-onalik, ya'ni farzandlarni parvarishlash va ularni tarbiyalash vazifalari bilan bogʻliq boʻlgan, kelajakdagi ota va ona rollarini oʻzlashtirish modeli kabi;

Kichik tizimlarning har biri sheriklarni shakllanishi va yuzaga kelishida oʻta muhim sanaladi, ibrat olish uchun model sifatida xizmat qiladi. Ota-onalar – bolalar tizimidagi salbiy munosabatlar (bitta yoki har ikkala ota-ona bilan yomon munosabatlar, ota-ona tomonidan farzandlarni qoʻllab-quvvatlamaslik, oʻzining nuqsonli ekanligiga ishonish) boshqa shaxslarga, oʻz ota-onalariga va qarindoshlarga, keyinchalik esa nikohdagi sherigiga nisbatan ham tajovuzkorlikning birlamchi sababi boʻladi. SHuningdek, u oila atamasi ostida birgalikdagi turmushni va xoʻjalikni tashkil qilishva yuritishga asoslangan, uning a'zolari oʻrtasidagi hissiy-ahamiyatli munosabatlardan iborat, ulardan har birining shaxsiy rivojlanishini harakatga keltiruvchi kuchi boʻlgan kichik ijtimoiy guruhni tushinishni taklif qiladi[13].

S.A.Vekilova oila ochiq, oʻz-oʻzidan tashkil topuvchi tizim boʻlib, doimo tashqi dunyo bilan oʻzaro harakatda boʻluvchi, oʻzida oʻzaro bogʻliq elementlar jamlanmasiga ega boʻlgan yaxlit tashkilot deb hisoblaydi. Muallif, oilani koʻrib chiqishda uning oʻlchamlarini, faoliyat yuritish qonunlarini, hayotiy davri bosqichlarini ajratadilar. Oilaviy hayot quyidagi qonunlarga boʻysunadi:

---

[12] Прохорова О.Г. Основы психологии семьи и семейного консультирования: Учебное пособие / под общ. ред. В.С. Торохтий. М.: ТЦСфера, 2005. - 224 с.

[13] Варга. А. Введение в системную семейную психотерапию. - М.: Когито-Центр, 2011. - 184 с.

gomeostaz, unga ko'ra har bir tizim o'z o'rnini saqlab qolishga intiladi, asosiy ko'rsatkichlarining mustahkam ligiga intiladi;

rivojlanish, unga muvofiq istalgan oila to'la hayotiy davrni bosib o'tishga intiladi, uning har bir bosqichida tizimning hayot faoliyatini ushlab turishga yo'naltirilgan maxsus vazifalar hal qilinadi [14].

O.A.Karabanova oila tushunchasini sheriklarning birlashishiga va qarindoshliq aloqalariga asoslangan ijtimoiy qabilaning muayyan ko'rinishi sifatida ochib beradi. Shundan kelib chiqib, oilaviy hayot negizida birga yashaydigan, umumiy xo'jalikni tashkil qiladigan va yuritadigan er va xotin, qarindoshlar o'rtasidagi munosabatlar yotadi.Oilaviy hayotni sheriklar, qarindoshlar o'rtasidagi tarixiy shakllangan munosabatlar tizimi sifatida qaraydi. O'z navbatida oila tushunchasi olimlar tomonidan maxsus kichik ijtimoiy-psixologik guruh sifatida ochib beriladi, shuning bilan uning uchun asosan qonunlarga, axloq me'yorlariga, an'analarga, o'zining faoliyat yuritishiga nisbatan ilmiy tavsiyalarga tayanadigan shaxslararo munosabatlarning alohida tizimi xarakterli ekanligini ta'kidlaydi[15].

Yu.L.Berdnikovaning fikricha, oila bu asosida uning a'zolarining taalluqli huquqlari va majburiyatlari yotadigan, nikoh bo'yicha sheriklarning ijtimoiy-psixologik, qondoshliq va ma'naviy jihatdan mustahkam birlashishidir. Bunda olim shuni ta'kidlaydiki, oila va nikoh tushunchalari o'rtasida chambarchas bog'lanish mavjud. Ilmiy adabiyotlarda bu tushunchalar ko'pincha sinonimlar sifatida qo'llaniladi. SHu bilan birga ularning mohiyatini qarab chiqib, nafaqat umumiyni, balki, ulardan har biriga taalluqli bo'lgan maxsuslikni payqash mumkin. Nikoh va oila turli tarixiy davrlarda paydo bo'lgan. Masalan, nikohning tarixiy tomoni insonlararo munosabatlarning bu shakli, barcha davrlar uchun oila qurishning

---

[14] Векилова С.А. Психология семейных отношений: Конспект лекций.М.: Изд-во АСТ; СПб. СОВА, 2005. - 127 с.

[15] Карабанова О.А. Психология семейных отношений и основы семейного консультирования: Учеб. пособие. М.: Гардарики, 2005. - 320 с.

umumiy tamoyillariga ega bo'lgan holda, turli xalqlarda, turli davrlarda bir vaqtning o'zida rivojlanadi va aniq maxsus ko'rinishga ega bo'ladi. Monogam nikohlar, bir erkak va bitta ayolning birlashishi kabi, eng keyingilardan va bugungi kunda nikoh shaklining eng ommaboplaridan bo'ladi. Bundan tashqari, nikoh ijtimoiy institutning muayyan ko'rsatkichlari bilan xarakterlanadi, u orqali jamiyat erkak va ayol o'rtasidagi munosabatlarni, ularning jinsiy hayotini tartibga soladi, taalluqli huquqlarini, majburiyatlarini va boshqalarni o'rnatadi. O'z navbatida oila esa munosabatlarning yanada murakkabroq tizimi stfatida maydonga chiqadi, negaki u nafaqat er-xotinlarni, balki farzandlarni, qarindoshlarni ham qamrab oladi[16].

I.A.Koretskaya fikricha, jamiyatning rivojlanishi oilaviy hayotga o'z ta'sirini kiritadi, vaqt va hudud bo'yicha o'zgaradigan o'zining me'yorlariga bo'ysundiradi. Masalan, yangi ijtimoiy-iqtisodiy, jamoat va ijtimoiy madaniy sharoitlarda fuqaroviy nikoh deb nomlangan turi keng tarqaldi. YOshlar o'zaro munosabatlarining bu shakliga bo'lgan qiziqishi jiddiy tarzda insonning ota-onasi oilasida, tevarak-atrofdagi sotsiumdagi muammolarni kuzatish natijasida olingan tajriba, oilaviy hayotning salbiy ta'siri va uning buzilishiga bo'lgan munosabatlarning xususiyatlari bilan belgilanadi.

Ko'pgina erkaklarning va ayollarning murakkab ijtimoiy-iqtisodiy ahvoli fuqaroviy nikohning tarqalishiga ta'sir ko'rsatadi. Shunga bog'liq holda, bugungi kunda insonlarning ko'pgina qismida sherigi bilan o'zining munosabatlarini rasmiy jihatdan qayd qilmaslik istagi yuzaga keladi yoki bu hodisani biroz bo'lsada mustahkam moddiy ahvolga ega bo'lmaguncha orqaga surishga majbur qiladi. Oqibatda oilaviy hayotning alternativ shakllari paydo bo'lmoqda [17].

S.I.Xoxlov oilaga, unda er-xotinlik hamkorlik, oilaviy muloqot va perseptiv jarayonlar zamonaviy ijtimoiy psixologiyaning asosiy muammolaridan biri bo'lgan,

---

[16] Бердникова Ю.Л. Семейная жизнь на 5+. Санкт- Петербург: Наука и техника, 2008. - 223 с.

[17] Корецкая И.А. Психология семейных отношений: Учебнопрактическое пособие. - М.: Изд. центр ЕАОИ, 2011. - 63 с.

kichik ijtimoiy guruh sifatida qaraydi. Oilalardagi o'zaro munosabatlarni o'rganish oilaviy munosabatlarning, sheriklarning o'zaro munosabatlarining o'ziga xos jihatlariga ta'sir ko'rsatuvchi tipologiyasini, ularning xususiyatlarini, psixologik omillarni aniqlashdan iborat. Qoida tariqasida, yangi oilalarda kelajakdagi oilaviy hayot modelining shakllanishi, sheriklar o'rtasidagi ma'naviy aloqalarning, oilaviy qadriyatlarning rivojlanishi yuz beradi, majburiyatlarning taqsimlanishi, o'zaro munosabatlarning qulay turini qidirish amalga oshiriladi, ijtimoiy-psixologik jixatdan moslashuv muammolari dolzarblashtiriladi va b.

Har bir shaxs o'z hayotining, o'zining ijtimoiy muhitining erkin yaratuvchisi bo'ladi. Shunga bog'liq holda, oila tushunchasi, unda inson o'zining atrof muhiti bilan bo'ladigan turli hayotiy qiyinchiliklarga qarshi uzoq va mustahkam munosabatlar yaratadigan oilaviy hayot jarayonida namoyon bo'ladi. Muallif tomonidan ajratib ko'rsatilgan uchta mezonlarni (mustahkamlik, g'amxo'rlik qilish, yaqinlik) inobatga olgan holda, oilaviy hayot albatta umumiy yashash joyi hududi bo'lgani holda uzoq davom etadigan xomiylik munosabatlarida bo'lish orqali namoyon bo'ladi, balki muayyan vaqtni shundayligicha birgalikda o'tkazishda emas. Ya'ni, oilani an'anaviy o'rganishdan farqli ravishda, muallif birgalikdagi oilaviy hayotning jarayoniy ekanligini, sheriklarning bir-birining hayotida faol ishtirok etishlarini, o'zaro e'tibor va oilaviy munosabatlar rivojlanadigan, oilaviy hayot amalga oshiriladigan muayyan hududga alohida urg'u beradi[18].

Shunday qilib, yuqorida bayon qilinganlardan kelib chiqib, o'rganilayotgan muammo bo'yicha ilmiy adabiyotlar tahlili oilaviy hayot bilan bog'liq bo'lgan masalalarni o'rganishning yuqori darajada dolzarbligini ko'rsatadi, bunda er-xotin munosabatlari, oilaviy munosabatlar jarayoni, ijtimoiy-psixologik adaptatsiya zamonaviy ijtimoiy psixologiyaning asosiy muammolaridan biri bo'ladi. Shu bilan birga, oilaviy hayotning alohida tomonlari olimlar tomonidan turli nuqtai-nazardan o'rganilgan bo'lib, bu mazkur hodisaning mohiyatini ochib berish va

---

[18] Хохлов С.И. Психология семейного счастья: Учебно-методическое пособие. - М.: МГОУ, 2011. - 51 с.

taalluqlita'riflarni shakllantirish imkonini berdi. Masalan, bugungi kunda, oilaviy hayot, o'zining mazmuni bo'yicha harakatda bo'laturib, jamiyat rivojlanishi bilan birga jiddiy o'zgarishlarga yuz tutadi, bu oila va jamiyat mezonlarining o'zaro munosabatlariga nisbatan bo'lgan tasavvurning tarix va dunyoqarashga bog'liq holda o'zgarishi bilan bog'liq.

Oilaviy hayot insonning hayot faoliyatining muhim sohasi sifatida namoyon bo'ladi, uning hayoti sifatini umuman olganda belgilab berib, shaxs sifatida rivojlanishini xarakatga keltiruvchi kuch sifatida maydonga chiqadi. Mazkur tadqiqot doirasida, oilaviy hayot deganda yashash joyining, turmushining, qiziqishlarining, xis-tuyg'ularining umumiyligi, umumiy farovonlik va gullab-yashnash yo'lidagi intilishlarining umumiyligi bilan xarakterlanadigan oila a'zolari (nikohdagi sheriklar, farzandlar, qarindoshlar) o'rtasidagi alohida munosabatlar va aloqalarning murakkab, ko'p qirrali tizimini tushunish nazarda tutiladi.

2. Oilaviy hayot va undagi munosabatlarning psixologik jihatlari

Oila a'zolari o'rtasida sodir bo'ladigan murakkab va serqirrali o'zaro munosabatlar ko'plab olimlar, shu jumladan, o'zbekistonlik olimlar (M.Davletshin, G'.Shoumarov, E.G'oziev, B.Qodirov, X.Karimov, N.Sog'inov, F.Akramova, G.Yadgarova, M.Salaeva, D.Xoliqov va boshqalar) tomonidan o'rganilgan. Ularda ko'proq o'zbek oilasiga xos urf-odatlar, udumlar, an'analar nuqtai nazaridan oilaviy munosabatlarning etnopsixologik qirralari tadqiq etilgan. Lekin oila institutini ijtimoiy voqelik sifatida uning qonuniyatlarini tahlil etar ekanmiz, bu o'rinda biz oilaviy o'zaro munosabatlarga xos bo'lgan munosabatlarning psixologik tabiatiga, kelib chiqishi va dinamikasiga e'tiborni qaratgan ko'plab tadqiqotlarda ilgari surilgan ma'lumotlarni keltirishni joiz deb bildik. Shu nuqtai nazardan oilaviy munosabatlar fenomenologiyasi ijtimoiy-psixologik izlanishlar ob'ekti sifatida o'rganilgan bir qator tadqiqotlar natijalariga murojaat qilamiz.

Oiladagi ijtimoiy munosabatlar va ularning kelib chiqish qonuniyatlarini batafsil monografik tarzda o'rganganlardan biri rus olimi L.Ya. Gozman (1987) hisoblanadi. U bu qonuniyatlarni ilmiy jihatdan tahlil etish uchun attraktsiya tushunchasini ishlatgan. Attraktsiya inglizcha attraction – tortilish, intilish so'zlaridan olingan bo'lib, u bir insonning ikkinchi bir insonga nisbatan his qiladigan ijobiy munosabatini anglatadi. Har qanday ana shu zayldagi diadik, ya'ni, diada – ikki kishi o'rtasidagi munosabatlarning boshlanishi simpatiya, yoqtirish yoki attraktsiya bilan bog'liqdir.

Gozmanning ta'kidlashicha, juftlik munosabatlarida attraktsiyaga turtki bo'luvchi omillarning eng muhimi – bu sherikning tashqi, jismoniy jihatdan yoqimtoyligi va uning ijtimoiy-demografik xususiyatlaridir. Ya'ni, bir ko'rishda yoqtirib qolish, uning xusniga rom bo'lish kabilar attraktsiyaning dastlabki bosqichi bo'lib, bu aslida odamlar ongidagi bir bid'atga, ya'ni chiroyli odam aqlli va ahloqli bo'lishi to'g'risidagi tasavvurlarga bog'liqdir. Ayniqsa, bunday tasavvur xotin-qizlarga nisbatan qo'llanilishi isbotlangan.

Yoqtirib qolishga turtki bo'luvchi ijtimoiy-demografik xususiyatlarga eng avvalo insonning jamiyatda tutgan o'rni, ijtimoiy maqomi, ma'lumoti darajasi, kasb-kori, moddiy ta'minlanganligi, millati va diniy e'tiqodi, qaerda, kimlar bilan yashashi kabilar kiradi. Ko'pincha ayni shu belgilar yoki xususiyatlar bilan yaqin bo'lgan insonlar o'zaro bir-birlarini tezroq yoqib qoladilar, chunki o'xshash belgilar yoki ko'ngildagi sifatlarning sherikda, tanishda mavjudligi unga nisbatan ijobiy fikr-mulohazalarning shakllanishiga, stereotiplarning yaxshi ma'noda uyg'unlashishiga zamin yaratadi[19].

Bundan tashqari, yoqtirib qolishga shaxsning qadriyatlari tizimi, hayotdagi maqsadlarining mushtarakligi, bajarayotgan ijtimoiy rollarining yaqinligi, omadlilik kabi qator jiddiy sifatlar ham turtki bo'ladi. Shuning uchun talabaning talabani yoqtirib qolishi, tibbiyot xodimining aynan shu sohada ishlaydigan odamni bir ko'rishda "sevib qolishi", safarda birga bo'lganlarning yoki dam olish maskanlarida tanishib qolganlar o'rtasida romantik munosabatlarning uyg'onishi ehtimoli ko'proqdir.

Bir ko'rishda yoqtirib qolish jarayonining jiddiyroq munosabatlarga aylanishini

---

[19] *Гозман Л.Я.* Психология эмоциональных отношений. – М.: 1987.

tushuntirish uchun olimlar "uch filtr nazariyasi"ni ilgari suradilar[20]

1-filtr bir insonning boshqa bir insonni bevosita o'ziga qaratishi bilan bog'liq jarayon bo'lib, bunda yangi tanishning tashqi jozibasi, bir qarashda ko'zga tashlanadigan sifatlari (masalan, qiz bolaning sochi uzun, ko'zi moviy, yigitning bo'yi uzun, alp qomat kabi) asosiy rol o'ynaydi. Bunday munosabatlar ko'pchilikka xos, ya'ni aksariyat odamlar turli vaziyatlarda boshqa bir odamni yoqtirib qolaveradi. Agar bir-birini o'zaro yoki bir tomonlama yoqtirish mobaynida sherikning ijtimoiy-demografik xususiyatlari ham kutishlarga mos, ma'qul kelib qolsa, munosabatlar 2-filtrga o'tadi.

Agar yangi tanishlarning ijtimoiy-psixologik, shaxsiy xususiyatlari va hayotiy maqsadlari ham bir-birlariga ma'qul kelsa, uyg'un munosabatlar 3-filtrga ham o'tadi. Har bir filtrdan o'tishda sheriklar bir-birlari uchun o'zlarining yangidan yangi qirralarini ochaveradilar. Ya'ni, yangidan topishgan, bir-birini yoqtirib qolgan odamlar uchun muhim bo'lgan asosiy narsa o'xshashlikni qidirish va ularni inobatga olgan holda o'z munosabatini bildirishga intilishdir. Boshqa bir yo'nalish – bu sherigida o'zida yetishmayotgan, o'zida mavjud bo'lmagan sifatni topish va uni o'zidagi sifat bilan uyg'unlantirishga intilish. Masalan, o'zi o'ta tortinchoq bo'lgan qizga dadil, gapga chechan yigitning yoqib qolishi ko'p kuzatilgan.

Uchinchi yo'nalish ikkinchiga yaqin, ya'ni, yangi tanishda o'zidagi mavjud sifatlarning qarama-qarshisini izlash, masalan, yigit kamgap bo'lsa, shaddot, sergap qizni yoqtirib qoladi. Bu kabi kemtiklarni sherigi orqali to'ldirishga intilish, ularga kelajakdagi munosabatlarda anchagina egiluvchan bo'lish va har biridagi yaxshi sifatlarni qadrlashni o'rgatadi.

V.Karimova "Oila psixologiyasi" nomli darsligida sevgiga asoslangan munosabatlarning J. Lining 6 tipli munosabatlar nazariyasini keltirilgan. Ularning dastlabkisi – Eros, bu romantizm va xissiy mayllarga asoslangan muhabbat bo'lib, undan ko'zlangan asosiy maqsad – sevgilisining visoliga erishish va u bilan

---

[20] *Тищенко П.Д.* Биовласть в эпоху биотехнологий. – М.: 2001.

yaqin, jinsiy munosabatda bo'lishdir. Mania – bir tomonning ikkinchi tomon mehri va muhabbatiga erishishi uchun hamisha xavotir va intiqlik bilan bog'liq bo'lgan talabchan, intiq hissiyotidir. Ludis – o'ziga qaratilgan, xudbinlarcha muhabbat, bunda sevgiga erishmoqchi bo'lgan shaxs nima qilib bo'lsa ham suyuklisining visoliga erishmoqni ko'zlaydi. Storge – do'stona, mustahkam va samimiy hisga asoslangan bir-biriga yaqin, anchadan buyon tanish bo'lgan odamlar o'rtasidagi sevgi. Agape – biror ob'ektga nisbatan intiqlik, sabr-qanoat bilan boshdan kechirilayotgan ilohiy sevgidir. Nihoyat, Pragma faqat shu inson bilan yashagandagina hayotdagi barcha maqsad-muddaolariga erishish mumkinligini anglagan, hayotiy, aniq mo'ljalli, shaxsiy xudbinlikdan xoli bo'lgan toza sevgidir [21].

Shu kabi sevgini tipologiyalarga ajratishga uringan olimlar soni ko'p (masalan, Maslou, Gozman, Shostrom va boshqalar), lekin barchasida ham aql-idrokka, hayotiy mo'ljallar xususiyatlariga, o'zaro hamkorlikka, tayyorlikka tayangan sevgi ancha baquvvat va umriboqiydir.

Er bilan xotin o'rtasidagi o'zaro munosabatlarning o'ziga xosligi shundaki, u:

– uzoq muddatga mo'ljallangan doimiy muloqot sirasiga kiradi;

– bu munosabatlarning aksariyati diada shaklida ro'y beradi;

– muomala va muloqotdan qoniqish bevosita nikohdan qoniqish uchun omil hisoblanadi.

Rus olimi A.I. Antonovning ta'kidlashicha, eng mustahkam nikohga sabab bo'lgan munosabatlarda ikkala tomon ham shaxs sifatida tobora takomillashib, sayqal topib, ularda o'zaro mehrga, bir-biriga yordam berishga ishtiyoq ortib boraveradi. Ko'plab o'tkazilgan tadqiqotlar bo'yicha olimlarning ta'kidlashlaricha, er-xotinlik aloqalari yetuk inson uchun eng ahamiyatli va hayotiy zarur bo'lgan munosabatlardir[22].

Olimlarni qiziqtirgan muhim masala – mustahkam, baxtli nikohni tashkil etuvchi

---

[21] В.М. Каримова. Оила психологияси: Дарслик. Педагогика олийгоҳлари талабалари учун . – Т.: "Ўқитувчи", 2007. 79- бет

[22] Антонов А.И. Микросоциология семьи. – М.: 2008. СПб.: 81-ст

vosita nima ekanligini aniqlashdir. Shunisi xarakterliki, har bir inson o'z oldiga oila qurish, nikohga kirishni maqsad qilib qo'yar ekan, u avvalo, oila va nikoh borasida xalq orasida shakllangan tasavvurlarga tayanadi. Nikohga kirgan juftlik doimo nikoh tushunchasiga aloqador bo'lgan qat'iy doiralar va normalar dunyosida yashaydi, lekin har bir juftlikning hayoti o'zlarigagina aloqador bo'lgan o'ziga xos xufiyona, sirli olamdir.

Zero, ikki individuallikning birlashuviga sabab bo'lgan his-tuyg'ular bir qarashda o'sha "xufiyonalik" sababli zarar ko'rayotganga o'hshaydi, ba'zan er va xotin bir-biriga nafaqat xarakter nuqtai nazaridan, balki tashqi ko'rinish bo'yicha ham o'xshab ketadi, deyishadi.

Ikkinchidan, ayni shu birlik, o'xshashlik, "kirib ketishlik" erni ham ayolni ham jamiyatda o'ziga xos bir avtonomiyaga, jozibadorlikka erishib borayotganligining namoyon bo'lishiga turtki bo'ladi. Shu bois bo'lsa kerak, ijobiy hislar tufayli tashkil bo'lgan oilada sevish-sevilishning nafrat-agressiyaga almashinib ketishi ham oson kechadi. Arzimagan narsalar ham ba'zan ikkalasini urishtir qo'yishi mumkin. Bunday polyar bir-biriga zid hissiyotlarning namoyon bo'lishi ayrim davrlarda unisi yoki bunisining kuchayib ketishiga ham sabab bo'ladi. Masalan, ayol farzand ko'rgan vaqtida, ko'proq chaqaloq bilan ovora bo'lib, eriga befarq qoladi, o'z navbatida unda ham ayoliga nisbatan befarqlik (hattoki, rashk, nafrat) hissi uyg'onishi, aksincha, muayan davrlarda esa ikkalasi Layli-Majnun bo'lishib, faqat bir-birining ishqida yonib yashashi ham kuzatilgan.

E.Shostrom (2004) er bilan xotin o'rtasidagi "ishqiy" pozitiv munosabatlarning quyidagi ko'rinishlarini bayon etadi:
— bir-biriga bog'lanib qolish yoki o'zaro g'amxo'rlik qilish hissi. Bu shu qadar kuchli bo'lishi mumkinki, er-xotin boshqa bir insonga shunga o'xshash yaqin munosabatni his etmay qoladi. Natijada ba'zan o'g'lini qizg'angan qaynona kelini bilan turli narsalarni bahona qilib, nizo chiqaraveradi.
— do'stlik – er va xotinning bir-birlarida eng nodir sifatlarni, jumladan, o'ziga xoslik va individuallikni tan olishni nazarda tutadigan hissiyot;
— eros – sevgining romantik ko'rinishi bo'lib, er-xotinning bir-biriga nisbatan

xissiy-jinsiy mayllarining kuchini belgilaydi;

– empatiya esa, erning yoki xotinning o'z turmush o'rtog'iga doimiy g'amxo'rligi, uni tushunishi va kerak bo'lsa, altruistik fidoiyligini baholovchi hisdir;

– o'zligini sevish, qadrlash – bir tomondan er-xotinning har qanday sharoitda o'zida eng afzal jihatlarni anglay olish va boshqa tomondan, kerak bo'lsa, yori tufayli o'z xohish-istaklarini jilovlay olish, fidoiylikni namoyon qilishga imkon beruvchi hissiyot[23].

E.Shostromning fikricha, "er va xotin vaqti-vaqti bilan bir-birlariga zug'um qilish, xafa qilishga ma'nan haqlidirlar", lekin bunday munosabatlarning yakuni yaxshilik bilan tugashi, shu bahona bir-birlarini yanada yaxshi va yaqindan bilishlariga turtki bo'lishi kerak.

Er va xotin o'rtasidagi salbiy munosabatlarga asos bo'luvchi hissiyotlarga olimlar quyidagilarni kiritadilar:

– achchiqlanish – oilaviy hayotda ko'p uchraydi, chunki u o'zaro g'amxo'rlik va bog'liqlik kamaygan sharoitlarda o'z-o'zidan paydo bo'ladi; F. Perlzning yozishicha, "Vaqti-vaqti bilan bir-biridan achchiqlanib turish – demak, bir-birini sevish va o'zaro muomalaga bo'lgan intiqlikdir".

– aybdorlik – o'zining qilmishi uchun o'ch olishday gap, ko'pincha bu hissiyot ataylab namoyon etiladi;

– arazlash – turmush o'rtog'idan o'ch olish maqsadida namoyon etiladigan his-tuyg'u;

– nafrat – turmush o'rtog'iga go'yoki dushmaniga qaraganday muomala qilish va bu yo'lda ba'zan uzoq vaqt gaplashmay qo'yish yoki ataylab o'zini yomonday ko'rsatishdir. Afsuski, bu hissiyot oilaviy hayotda tez-tez bo'lib turadi. Lekin u odamni ichidan zil ketishiga, ich-etini yeb qo'yishiga olib keladi;

– tanqid qilish – qo'rqoqlikka o'xshaydi, aniq munosabatlarning xarakterini namoyon etishga imkon bermaydi, Shostromning fikricha, bu hissiyot achchiqlanishga o'tgani

---

[23] Шостром Э. Антикарнеги, или Человек-манипулятор. – М.: 2004. 59- ст.

ma'qul;

- turmush o'rtog'idan yiroqlashish, ketib qolish – bu ham ma'lum ma'noda bir-birini nazoratda ushlashning bir ko'rinishi, lekin vaziyatni aniq oydinlashtirib olishga xalaqit beradi;
- befarqlik – umuman munosabatlarni yashiruvchi xis bo'lgani uchun u aloqalarning yomonlashib ketishini tezlashtiradi, hattoki, bunda psixoterapevtik yordam berish ham mushkul bo'lib qoladi.

Shu kabi munosabatlar mohiyatan shaxslararo munosabatlarning ko'rinishlarini ifoda etadi.

Bola tajribasining asoslaridan biri undagi ota-ona oilasi ta'sirida shakllanadigan ijtimoiy fe'l-atvordir. Ya'ni, o'zaro ishonch, o'zini-o'zi baholash, Men-kontseptsiyasi ota-onasi, aka-ukalari, opa-singillari ta'sirida bola ongida shakllanadigan hislatlardir. Bola ota-onasining o'zaro muloqotlariga qarab, umri mobaynida kuzatib, bilib-bilmay ularga taqlid qilib, tinchlik – xotirjamlikda, o'zaro hamjihatlikda yashashga o'rgansa, aka-uka, opa-singillariga qarab, jamiyatdagi murakkab o'zaro muomala holatlarida o'zini qanday tutishga o'rganadi, hayotning ma'nosini tushunib boradi, dunyoqarashi, dunyoviy hamda diniy e'tiqodlarining shakllanishi ham ayni shu munosabatlar ta'sirida ro'y beradi.

Er-xotin munosabatlari avvalo adaptatsiya, ya'ni bir-biriga asta-sekin ko'nikib, moslashib borish jarayonidan boshlanadi, zero, ularning har biri yangi muhitga, yangi ro'zg'orga o'z oilasida orttirgan shaxsiy tajribasi, oila to'g'risidagi ijtimoiy tasavvurlari bilan kirib keladi. Natijada ota-onasi oilasida olgan tajribaning bir qismidan voz kechgani holda, yangi munosabatlar uchun yangi fazilatlarni o'zida tarbiyalay boshlaydi.

Ko'plab olimlarning ta'kidlashlaricha, yosh oilaning mustahkamlanib, oyoqqa turib ketishi, turli maishiy muammolarni o'zi mustaqil xal qilishi uchun zarur bo'lgan muddat aslida turmush qurgan ikki shaxsning bir-biriga bo'lgan samimiy munosabatiga, oila va uning atrofidagi turli qadriyatlarga nisbatan uyg'un qarashlariga, ota-ona oilasida ibrat sifatida ko'rgan-kechirganlarini uchun o'z oilasida qo'llay bilish mahoratiga bevosita bog'liqdir. Lekin baribir har bir oila aynan yoshlik davrida muaytsyan qiyinchiliklarni boshdan kechiradiki, bu muammolar quyidagi holatlarga bog'liq tarzda namoyon bo'ladi:

– oilaviy hayotni bir maromda kechishini ta'minlash, ishlash, o'qish yoki boshqa masalalarni xal qilish uchun vaqtning yetishmasligi;

– vaqtni yaxshi o'tkazish, ko'ngilxushliklarning cheklanganligi;

– yangi sharoitda erkakning ham ayolning jismonan toliqishi, asablarning charchashi;

– iqtisodiy qiyinchiliklar.

Oxirgi holat bir tomondan, ayni paytda yoshlardagi orzu-havasning ko'payib ketishi bilan izohlansa, boshqa tomondan, ota-onalarning orzu-qavaslariyu, bordi-keldi bilan bog'liq sarf-xarajatlarning ortib borishi bilan chambarchas bog'liqdir. O'zbekistonda kundan-kunga hayot va yashash sharoitimiz yaxshilanib, oila farovonligi uchun yetarli shart-sharoitlarning bo'lishiga qaramay, tashqaridan barcha maishiy muammolari xal bo'lgan yosh oilada ham nimalardir yetishmayotganday tuyulaveradi. Bu – o'sha orzu-havaslar, ijtimoiy ehtiyojlarning tobora ortib borayotganligi bilan izohlanadi. Shu bois ham yurtimizda yosh oila manfaatlarini ijtimoiy jihatdan muxofaza qilish davlat siyosati darajasiga ko'tarilgan.

Yosh oila borasidagi eng muhim masalalardan biri – yoshlarning o'zaro munosabatlari va ularning yangicha munosabatlar tizimiga ko'nikishi masalasidir. Chunki romantik sevgi, bir-birini yoqtirish bosqichidan o'tgan yoshlarning endi yangi oilaviy hayot tamoyillari asosida kundalik hayotni boshdan kechirishiga muayyan qiyinchiliklar bo'lishi tabiiy. Yigit-ku o'z uyida, ota-onasi yaratib bergan sharoitda yashaydi. Moslashuv jarayonidagi qiyinchiliklarning eng og'iri kelinchakning bo'yniga tushadi. U boshdan kechiradigan muammolardan biri esa – yangi oila a'zolari bilan muomala maromlarini to'g'ri o'rnatishdir. To'g'ri, to'ydan keyin turkona, o'zbekona urf-odatga ko'ra qizning onasi va uning yaqin qarindoshlari kelinchakni "yo'qlaydi", ya'ni, pishir-kuydir qilib, qiz o'z xonadonida suygan taomini pishirib, yangi kelin tushgan xonadonda dasturxon yuboriladi. Albatta, bu kabi azaliy urf-odatni asosida yotgan muhim sabablar bo'lib, birinchisi, yangi muhitga tushib qolgan qiz bu yerdagi issiq-sovuqqa tez ko'nikib ketolmasligi, taom tanavvul qilishda keskin o'zgarish bo'lmasligi uchun to ko'nikkuncha, bir necha kun o'z xonadonidan ovqat yuborish va shu orqali uni "yupatish" bo'lsa, ikkinchi ma'nosi – ota-ona qizini unutmaganligi, hanuz unga mehrli munosabatda ekanliklarini izhor qilishdir.

Bu kabi munosabatlarning saqlanishi qisman bizning hozirgi sharoitimizda ham o'zini oqlaydi, lekin yo'qlov bahonasida tog'oralarda ovqat-oziqning xadeb kuyov uyiga jo'natilishi, ortiqcha dabdabalarga yo'l qo'yilishida umuman mantiq yo'q. Chunki hozir ko'pchilik onalar oila yumushidan tashqari davlat va jamoat muassasalarida xizmat qiladilar. Ular uchun bunday tashvishlar ortiqcha, ikkinchidan, qizlar ilgarigiday juda erta turmush qurmaydigan va o'qish, ish bahonasida turli taomlarni yeyishga yoshlikdan o'rgangan sharoitda ularning oshqozonlari yangi xonadonda ham birday ishlayveradi. Ya'ni, yosh oilaning mustahkam bo'lishiga rahna soluvchi omillardan biri hisoblanmish ortiqcha ovoragarchiliklar, dabdabali tushliklarning ikkinchi xonadonga yuborilishi bugungi taraqqiyot bosqichida biroz erish tuyulishi tabiiy.

Shuningdek, yosh oilaning tinchlik-totuvchilikda yashashiga halaqit berayotgan sabablardan biri – qaynonalar bilan yangi kelinchakning tez kirishib, til topishib keta olmayotganligi. Bu ham oilaviy munosabatlar borasidagi muammolardir. Chunki ayniqsa, shahar sharoitida bitta yoki ikkitagina o'g'il o'stirgan ona ko'pincha yangicha munosabatlar tizimiga o'zi ko'nika olmaydi va kelinchakni ham tezroq ko'nikib ketishiga yordam berish choralarini bilmaydi.

Ya'ni, qaynona bilan kelin o'rtasida o'ziga xos rashkka o'xshash munosabatlar paydo bo'ladiki, bu holat qaynonaning kelinga nisbatan adolatli, bag'rikeng inson sifatida ish tutishiga halaqit beradi. Zero, sodir bo'layotgan nikoh ajrimlarining sabablari orasida aynan qaynona bilan kelin o'rtasidagi nizolarning qayd etilishi yuqoridagi fikrlarning dalilidir. Shuning uchun bunday holatlarning oldini olishning yo'llaridan biri – bu yoshlarni (yigit va qizlarni) oilaviy munosabatlarga psixologik jihatdan tayyorlashdir.

3. Yoshlarni oilaviy hayotga tayyorlashning asosiy omillari va muammolari

Statistik ma'lumotlar O'zbekistonda yil sayin nikohlar soni oshayotganligini ko'rsatmoqda. Masalan, 2017 yilda nikohlar soni 254,2 mingta bo'lgan, 2020 yilda esa 296,1 mingta, ya'ni 16,5 foizga oshgan[24]. Bunga sabab, bir tomondan, aholi, birinchi navbatda yoshlarning soni oshganligi, ularda rasman qurilgan oila institutiga nisbatan munosabatning ijobiy tomonga o'zgarganligi bo'lsa, ikkinchi tomondan, jamoatchilik, mahalla faollari, xokimliklarning otalikni belgilash holatlarini kamaytirishga qaratilgan samarali sa'y-harakatlari oqibatidir, deyish mumkin.

Nikoh ajrimlarining sabablari o'rganilganda, aksariyat holatlarda bunga, birinchi navbatda, kelin-kuyovlarning oilaviy hayotga tayyor emasligi, er-xotinlarning o'zaro kelishmovchiliklari, fe'l-atvorning bir-biriga mos kelmasligi, rashk, kelin bilan qaynona va boshqa yaqin qarindoshlarning chiqishmasliklari, erkakning zararli odatlarga berilib ketishi (ichkilik, giyohvand moddalar iste'mol qilish va shu kabi), moddiy qiyinchiliklar (asosan erning ishlamasligi, oilani mustaqil boshqara olmasligi), qudalarning to'ydan keyin o'zaro kelishmay qolishlari sabab bo'lgan. Bu muammolarga erning boshqa shaharlarga ish qidirib ketib, qaytib kelmaganligi, boshqa bir ayol bilan yangi turmush boshlagani ham qo'shildi.

Oila psixologiyasida nikoh quruvchilarning nikoh qurish omillari va shartlari masalasi muhim bo'lib, nikoh qurish omillariga quyidagilarni kiritish mumkin:

1. Oilaviy hayotga etuklik.

2. Oila qurish yoshi.

3. Oila qurish motivlari.

4. Oila qurilgungacha tanish muddati.

5. Oila qurish shartlari va sharoitlari.

6. Yoshlarning oilaviy hayot haqidagi tasavvurlari[25]

---

[24] http://stat.uz/ru/index.php/interaktiv/demograficheskie-dannye

[25] Оила психологияси. // Шоумаров Ғ.Б. таҳрири остида. – Т.: 2007 . 53 - бет

Nikohga etuklik omillari qatoriga yoshlarning oilaviy hayotga ma'naviy etukli-gi, ularning oila qurish motivlari, nikoh qurish yoshiga oid fikrlari va bo'lg'usi oilaviy hayotlari haqidagi tasavvurlarini kiritar ekanmiz, bu jihatlarning har biri qanday xususiyatga ega ekanligini ko'rib chiqamiz.

Nikohga etuklik tushunchasi o'ta murakkab va nisbiy tushunchadir. Chunki odam rivojlanib, takomillashib boruvchi, o'z ma'naviy, axloqiy rivojida muntazam ravishda yangiliklarni o'ziga singdiruvchi mavju-dotdir. Kishining etukligi, ayniqsa, oilaviy hayotga etukligi masalasida fikr yuritilganda, bu tushunchadan bir shartli o'lchov sifatidagina foydalaniladi. Nikohga etuklik deyilganda, oila quruvchi yoshlarning jismoniy (fiziologik), jinsiy, huquqiy, iqtisodiy, ma'naviy-axloqiy, psixologik kabi etuklik jihatlarini farqlash mumkin.

Bularning orasida esa jinsiy, huquqiy etuklik ko'rsatkichlari aniq alomatlarga ega bo'lsa, iqtisodiy, psixologik, ma'naviy-axloqiy jihatlar qat'iy bir ko'rsatkich bilan belgilanmaydi.

Shaxsning jinsiy etukligi unda balog'atga o'tish alomatlarining kuzatilishi, ikkilamchi jinsiy belgilarning keskin darajada namoyon bo'lishi bilan, ichki sekretsiya bezlarining faollashuvi bilan xarakterlanadi.

Shaxsning psixologik etukligi deb esa, uning turli hayotiy vaziyatlar va sharoitlarni hushyor baholay olishida namoyon bo'ladi. Yoshlarda kuzatiladigan psixologik yetuklik shaxsning boshqalarga nisbatan bo'lgan ijobiy munosabatlari: hamdardlik, hamfikrlilik, o'zaro yordam kabi-lar tarzida namoyon bo'la oladigan ma'naviy sifatlarini ham bildiradi. Yoshlar oila qurayotganlarida bu xususiyatlar hal qiluvchi bo'lib hisoblanadi[26].

Nikoh oldi omillaridan biri – bu nikoh qurish uchun asos bo'lgan nikoh motivlari hisoblanadi. Oila qurilishida bir necha o'nlab nikoh motivlari mavjud. Lekin ularni umumlashtirilgan ravishda uchta toifa-ga ajratish mumkin:

1. Sevgi tufayli oila qurish.
2. Moddiy yoki o'zga manfaatdorlik asosida oila qurish.

---

[26] Каримова В.М. Ўзбек ёшларида оила тўғрисидаги ижтимоий тасаввурлар шаклланиши. / Психол. фан. док. дис.: 19.00.05. – Т.: ФарДУ, 1994.

3. Stereotip bo'yicha oila qurish[27]

Oilaning mustahkam bo'lishida oila qurish yoshi muhim hisoblanadi. Kuzatuvlardan ko'rinadiki, nihoyatda erta (16, 17 yoshda) va kech (28, 30 yoshdan keyin) oila qurish maqsadga muvofiq emas. Erta oila qurish yi-gitning oila boshlig'i sifatida shakllanishiga salbiy ta'sir qilishi mumkin. Qiz bolaning oila yumushlariga erta jalb etilishi natijasida u bekalik, fiziologik jihatdan esa onalik vazifalariga etilgan bo'lishi mumkin. Lekin oilada erkakning yoshi kelinning yoshi bilan baravar bo'lishi, yigitning yoshi ko'rsatkichi oila mustahkamligiga ta'sir etadi. Chunki kelin tomonidan u bola sifatida tasavvur etiladi va kuyovni etarli darajada hurmat qilmasligiga olib kelishi mumkin. Kech oila qurish ham maqsadli emas. Ayniqsa qizlar uchun oila qurish imkoni-yatlarini pasaytiradi. O'ziga turmush o'rtoq tanlashdagi mezonlar soni ortishiga, lekin nomzodlar soni kamayishiga duch keladi. Bu o'z navbatida qiz bola uchun oila qurishni murakkablashtiradi.

Shuning uchun optimal yoshni o'tkazib yubormaslik kerak. Buning uchun ijtimoiy, iqtisodiy, ma'naviy etuklik yoshi tanlansa, ma'qul bo'ladi. Bu esa aksariyat holda qizlar uchun 20 yosh va undan yuqori, yigitlar uchun 24 yosh va undan yuqori bo'lgan davrlarga to'g'ri kelar ekan.

Yoshlarning o'z oilaviy hayotlariga oid tasavvurlari muhim bo'lib, ularning qanchalik reallikka yaqin bo'lishi oilaning mustahkamligiga xizmat qiladi. Afsuski, yoshlarning hamma vaqt ham oilaviy hayot haqidagi tasavvurlari reallikkka mos kelavermaydi, balki aksariyat holda haqiqiy hayotdan tub-dan farq qiladi. Shuning uchun yoshlarni oilaviy hayotga tayyorlashda ularni imkon qadar hayotda kuzatiladigan past va baland, shirin va achchiq, rohat va tashvish, qorong'u va yorug' tomonlari bo'lishi muqarrarligiga o'rgatib borishimiz va bu tomonlar haqida adekvat (to'g'ri) tasavvurlarni shakllantira olishimiz kerak bo'ladi.

---

[27][27] Оила психологияси. // Шоумаров Ғ.Б. тахрири остида. – Т.: 2007 . 57 - бет

Psixologik va hayotiy kuzatuvlardan ko'ri nadiki, nikohga kiruvchilarning 20 yoshdan kichikroq bo'lishi ularda hayotiy tajriba 20-24 yoshdagilarga qaraganda kamligi, ijti moiy-iqtisodiy etuklik darajala-rining etarli emasligi tufayli oilalarda ajralish yoki tushunmaslik, oilada turli darajada nizolarga olib kelishi mumkin ekan.

Ayni vaqtda esa oilada yoshlarni mustaqil oilaviy hayotga tayyorlash borasida bir qator muammolar mavjud bo'lib, ular quyidagilardan iborat:

1. Ota-onalarning oilada yoshlarni mustaqil oilaviy hayotga tayyorlash jarayonining mohiyati xususida to'la ma'lumotga ega emasliklari.

2. Ota-onalar tomonidan yoshlar, shu jumladan, qizlarni oilada mustaqil oilaviy hayotga tayyorlash borasidagi nazariy va amaliy bilimlarni o'rganish imkonini beruvchi manbalarning etarli darajada mavjud emasligi.

3. Oila, shuningdek, ota-onalarga ijtimoiy tashkilotlar, ta'lim muassasalari hamda muayyan mutaxassislik yo'nalishlarida faoliyat yurituvchi idoralar tomonidan ko'rsatilayotgan nazariy va amaliy yordamning ijtimoiy ehtiyojlarga nisbatan proporsional emasligi.

4. Ommaviy axborot vositalari orqali oila mohiyati, oilaviy hayotni tashkil etish, farzandlar tarbiyasini muvaffaqiyatli olib borish, oilaviy munosabatlar mazmuni, shuningdek, oilaviy nizo va ajrimlarni keltirib chiqarayotgan sabablar va ularni bartaraf etish chora tadbirlari xususida namoyish (yoki chop) etilayotgan ko'rsatuv, eshittirish yoki chiqishlar saviyasining yuqori emasligi.

Yuqorida qayd etilgan muammolarning ijobiy echimini quyidagi faoliyatlarni yo'lga qo'yish orqali ta'minlash mumkin bo'ladi:

Ota-onalar o'rtasida oila sharoitida yoshlar, shu jumladan, qizlarni mustaqil oilaviy hayotga tayyorlash muammosining nazariy va amaliy jihatlarini to'laqonli yoritib berishga xizmat qiluvchi targ'ibot va tashviqot ishlarini samarali, tizimli va uzluksiz tarzda yo'lga qo'yish lozim.

Ota-onalarda oila sharoitida yoshlar, shu jumladan, qizlarni mustaqil oilaviy hayotga tayyorlash ularning porloq kelajagi va baxtli hayotlarini kafolatlovchi omil ekanligi to'g'risidagi tushunchani hosil qilish, bu boradagi nazariy va amaliy bilimlarni chuqur egallashga bo'lgan ichki ehtiyoj va rag'batni shakllantirish tadqiqot muammosining ijobiy echimini ta'minlashga yordam beradi.

Qizlarni oilaviy hayotga tayyorlashda ularga to'g'ri tarbiyaviy jarayoni tashkil etish lozim. Bunda ularga nikoh va oilani shakllantiruvchi asoslar, nikoh va oila qurish shartlari, oilaviy munosabatlar mazmuni, oila mustahkamligini ta'minlovchi hamda oilada sog'lom psixologik muhitni yuzaga keltiruvchi omillar, shaxsiy gigiena qoidalariga amal qilish, shaxsiy, shuningdek, oilaning boshqa a'zolari salomatligini saqlash, oila byudjetini shakllantirish, undan oqilona foydalanish, oila muhitida farzandlar tarbiyasini tashkil etish, uy ro'zg'or yumushlari va oila xo'jaligini boshqarish, er-xotin munosabatlari, ota-ona va bolalarning burchlari kabi mavzularda suhbatlar olib borish zarurdir. Shundagina qizlarda oila xususida ma'lumotlar paydo bo'ladi.

Oilaviy hayotga qizlarni tarbiyalashda "Qizlar tarbiyasining o'ziga xos xususiyatlari", "Ginekologik kasalliklarni keltirib chiqaruvchi omillar", "Qizlarni mustaqil oilaviy hayotga tayyorlash jarayonida jamoatchilikning ishtiroki" kabi mavzularda davra suhbatlari, baxs-munozaralar tashkil etish ham ahmiyatga ega.

Bugungi kun qizlar o'rtasida o'tkazilayotgan "Qizlar davrasi", "Eng namunali kelin", "Ibratli oila", "Tadbirkor ayol"kabi mavzularda tashkil etilayotgan ko'rik (tanlov)lar, seminar-treninglarga alohida e'tibor berilmoqda, chunki aynan tadbirlarda qatnashish jarayonida qizlarda oilaviy hayot ko'nikma va malakalari posil bo'ladi.

Qizlarni oila sharoitida mustaqil oilaviy hayotga tayyorlash jarayonida yuqorida qayd etilgan shakllardan tashqari sinalgan va hozirgi kunda qo'llanilib kelayotgan metodlardan foydalanish mumkin.

1) kuzatish metodi - faoliyatni tashkil etishda ushbu metoddan foydalanish oilada tarbiya topayotgan qizlarning hatti harakatlarini kuzatish ularda hosil bo'layotgan ma'naviy axloqiy sifatlar to'g'risida muayyan ma'lumotlarga ega, shuningdek, qizlarning fiziologik hamda ruhiy holatida ro'y berayotgan o'zgarishlardan xabardor bo'lish imkonini beradi.

2) suhbat metodi -mazkur metod yordamida qizlarning o'y fikrlari, ichki ruhiy kechinmalari, his tuyg'ulari, orzu niyatlari, hayotiy intilishlari, maqsadlari, ularning

hayotlarida sodir bo'layotgan o'zgarish yoki hodisalar yangi tanishlar orttirish, dugonalari bilan xafalashib qolish, o'zi tanlagan kasbni o'zgartirish to'g'risidagi fikrlarini bilib olish va shunga qarab ularga munosabat ko'rsatish mumkin.

3) tushuntirish metodi - ushbu metod yordamida qizlarga mustaqil oilaviy hayotni yo'lga qo'yish jarayonida qo'l keladigan va oilaviy munosabatlarni tashkil etish, oila xo'jaligini boshqarish, turli taomlar tayyorlash, bichish tikish ishlarini bajarish, o'zining hamda oila a'zolarining salomatliklarini saqlash, er xotin munosabatlarini yo'lga qo'yish, oila byudjetini yaratish, undan maqsadga muvofiq foydalanish, farzandlar tarbiyasini tashkil etish chog'ida bilish zarur bo'lgan nazariy va amaliy ma'lumot (bilim)lar beriladi.

4) namoyish etish metodi -mazkur metod qizlarda mustaqil oilaviy hayotni tashkil etish jarayonida muhim ahamiyatga ega bo'ladigan amaliy faoliyat ko'nikma hamda malakalarni hosil qilish uchun xizmat qiladi.

5) namuna ko'rsatish metodi(tadqiqot muammosi doirasida olib borilgan tajriba sinov ishlari jarayonida mazkur metoddan foydalanish ham qizlarda mustaqil oilaviy hayotni tashkil etish jarayonida muhim ahamiyat kasb etuvchi amaliy faoliyat ko'nikma hamda malakalarini shakllantirish imkonini beradi.

6) manbalar bilan ishlash metodi orali nikoh, oila, oilaviy munosabatlar, oila tarbiyasi va uning mohiyati, ota-onalar va bolalar o'rtasidagi ijtimoiy aloqalar, mustahkam oilani barpo etish, oilalarda sog'lom turmush tarzini shakllantirish sir asrorlari yuzasidan fikr yuritilgan, ulug' mutafakkirlar, tajribali oila sohiblari, mutaxassislarning qarashlari bitilgan adabiyot (manba)lar mazmuni bilan tanishish, ulardan muayyan nazariy va amaliy bilimlarni o'rganish qizlar uchun mustaqil oilaviy hayotni yo'lga qo'yish borasida ma'lum tajribalarni orttirishga imkon beruvchi ushbu metod qizlarning tafakkur va dunyoqarashlarini boyib borishini ham ta'minlaydi.

7) rag'batlantirish metodi - bizga yaxshi ma'lumki, rag'bat shaxsga istiqbol faoliyatini tashkil etish uchun ma'naviy ruh, kuch bag'ishlaydi. SHu bois oila sharoitida qizlarni mustaqil oilaviy hayotga tayyorlash jarayonida ular tomonidan amalga oshirilgan, ma'lum ma'noda muvaffaqiyatli bo'lgan xatti harakat, faoliyat

to'g'risida oila a'zolari davrasida qayd etib o'tilishi, bunday harakatlarning ma'qullanishi, chunonchi, "barakalla". "buning uddasidan chiqishingga ishonar edim", "men ham buni bajara olishingga ko'zim etgan edi", "bu yumushni sifatli bajarilishi uchun astoydil harakat qilganing ko'rinib turibdi, yasha" va hokazo kabi so'zlarning e'tirof etilishi qizlarda o'z kuchlari, layoqatlariga ishonchni tug'diribgina qolmay, balki ularni o'z ustilarida tinimsiz izlanishga undaydi. Rag'batlantirish metodi yordamida qizlarda ijobiy sifatlar shakllanadi.

8) jazolash metodi – mazkur metodi orali qizlarni mustaqil oilaviy hayotga tayyorlash jarayonida jazolash metodidan samarali, maqsadga muvofiq foydalanish ham pedagogik jihatdan to'g'ri sanaladi. Biroq jazolash metodining mohiyati qizlarga jismoniy azob berishdan iborat emasligini yoddan chiqarmaslik lozim. Jazolash metodidan foydalanish oilaviy munosabatlarni tashkil etish, oila xo'jaligini boshqarish chog'ida qizlar tomonidan bajarilgan, biroq muvaffaqiyatsiz hatti-harakat yoki faoliyatlar yuzasidan o'z fikrlarini bildirish, qoniqmaganlik yoki norozilik tuyg'ularini bildirish, tanbeh berish, yo'l qo'yilgan xato yoki kamchiliklarni ularning o'zlariga ko'rsatish, oila a'zolari o'rtasida izza qilish, uyaltirish kabi harakatlar asosida bo'lishi maqsadga muvofiqdir.

9) Interfaol metodlar (qizlarda shaxsiy va ijtimoiy faollikni kuchaytirish maqsadida qo'llaniluvchi interfaol metodlar ayni vaqtda ularda mustaqil fikrlash, o'z-o'zini tarbiyalash, faoliyatiga tanqidiy baho berish kabi sifatlarning shakllanishiga zamin yaratadi. Tajriba jarayonida respondentlarda oilaviy hayotni tashkil etish layoqatini shakllantirish maqsadida ular ishtirokida «Muammoli vaziyat», «Aqliy hujum», «Klaster», hamda «Rolli o'yin» kabi metodlar asosida amaliy faoliyat tashkil etildi.

Xulosa qilib aytganda, qizlarni mustaqil oilaviy xayotga tayyorlashga yo'naltirilgan faoliyat jarayonida pedagogik ta'sir vositalar va yuqoridagi metodlarga murojat etilishi maqsadga muvofiqdir. Yangi hayot ostasida turgan qizlarni oilaviy hayotga tayyorlashda oila, butun jamoatchilik e'tibori, ma'suliyatli yondashuvi zarurligini unutmagan holda faoliyatni samarali tashkil qilish lozimdir. Shundagina sog'lom va mustahkam oilalar jamiyatimizning faol bo'g'iniga aylanadilar.

4. Oilaviy hayotga psixologik tayyorgarlikning yoshga oid jihatlarini amaliy jihatdan oʻrganish

Ma`lumki, insoniyat jamiyati taraqqiy etib borgani sari insonlarning bir-birlari bilan bo`ladigan o`zaro munosabatlari, ayniqsa, shaxslararo munosabatlar orasida eng samimiy, eng yaqin bo`lgan oilaviy munosabatlar ham takomillashib, o`ziga xos tarzda murakkablashib bormoqda.

Zero, hozirgi zamon fan-texnika taraqqiyoti, ishlab chiqarish munosabatlari va vositalarining taraqqiyoti, ta`lim-tarbiya sohasi, umuman, mamlakatimizning barcha jabhalarida yangi texnologiya, texnik jarayonlarning jadal joriy etilishi bevosita shu jarayonlarning yaratuvchisi, ishtirokchisi bo`lgan inson omiliga, inson shaxsiga ham o`ziga xos yangicha talablar qo`ymoqda.

Xozirgi yoshlarda oilaviy hayot va undagi munosabatlar bo`yicha tayyorgarlikini aniqroq tasavvur hosil qilish uchun bundan 90-100 yillar oldingi ularning tengdoshlari, ya`ni o`tib borayotgan asrimiz boshidagi va bugungi kunlarimizdagi 15-16 yoshli yigit-qizlar o`rtasidagi qarashlar borasidagi tafovutlarni ancha ko`p [28].

---

[28] Umarova M.M. Oʻsmirlarda oilaviy qadriyatlar toʻgʻrisidagi tasavvurlar shakllanishining ijtimoiy psixologik shart-sharoitlari. Psixol. fan. nom. dis. avtorefe-rati: 19.00.05. – T.: OʻzMU, 2004. –27 b.

Maxsus adabiyotlarda yozilishicha va o`tkazilgan tadqiqotlar natijalarida kuzatilishicha, so`nggi 100 yil ichida odamlarda kuzatiladigan akseleratsiya jarayonida yoshlarning jinsiy, fiziologik balog`atga yetishishi 2-3 yilga ilgarilab ketgan. Bundan 100 yilcha oldin yoshlarning jinsiy balog`atga yetish davri 17-18 yoshga to`g`ri kelgan, hozir esa bu holat o`rtacha 15-16 yoshlarga to`g`ri keladi [29].

Ilgarigi o`g`il va qizlar 17-18 yoshlarida oilaviy hayotga yetuklik talablaridan biri bo`lmish jinsiy yetuklikka, balog`atga yetar ekanlar, ular aksariyat hollarda shu yoshga kelib o`sha davrlar uchun xos va lozim bo`lgan, unchalik murakkab bo`lmagan dehqonchilik, chorvachilik, hunarmandchilik sir-asrorlaridan deyarli boxabar bo`lganlar (chunki u vaqtlarda bolalarni odatda, 13-14 yoshidan shogirdlikka berishgan), o`sha davrdagi ishlab chiqarish munosabatlari va texnologik jarayonlar ulardan maxsus yoki oliy ma`lumot talab qilmagan, 3-4 yil ustoz ko`rgan shogird 16-17 yoshida o`zi mustaqil ish yurita oladigan ustaga, o`z ishini amallab keta oladigan mutaxassisga aylangan. Mabodo, u shu vaqtda oila quradigan bo`lsa, o`z hunari orqali mehnat qilib, o`zini va oila a`zolarini iqtisodiy jihatdan ta`minlay olishi mumkin bo`lgan .

Bundan tashqari, u vaqtlardagi 18-20 yoshli yigit mahalla-kuyda, jamoatchilik orasida ma`lum darajada ijtimoiy yetuk shaxs sifatida qabul qilingan, turli tadbir va marosimlarda haqli ishtirokchi sifatida qatnashishi mumkin bo`lgan, ya`ni uning ijtimoiy jihatdan balog`atga yetganligi jamoatchilik tomonidan qabul qilingan. Bu jarayon shaxsning oldiga oila va jamiyat qarshisida o`ziga xos mas`uliyat yuklagan, mas`uliyatni his qilish esa uning psixologik yetukligi alomatlaridan biri bo`lib xizmat qilgan[30].

Endilikda esa,ular 15-16 yoshlarda jinsiy (fiziologik) yetuklikka erishadilar, biroq ular biror bir kasb-hunar egasi bo`lib, mustaqil ishlab, o`zini va oilasini

---

[29] G'oziev E. G'. Psixologiya (Yosh davrlari psixologiyasi). / Pedagogika institutlari va universitetlari uchun o'quv qo'llanma. – T.: «O'qituvchi», 1994. –224 b.

[30] Karimova V.M. Oila psixologiyasi . Darslik – T.: «O'qituvchi» , 2007. –316 b.

iqtisodiy jihatdan ta`minlay oladigan bo`lishi uchun, avvalo maktabni bitirishi, so`ng u yoki bu kasb-hunar kolleji yoki akademik litseyda o`qib, biror-bir kasbni egallashi kerak. Buning uchun 9 yil maktabda, 3 yil kollej yoki litseyda o`qishi zarur bo`ladi. 12 yillik barcha uchun majburiy ta`limdan so`ng yoshlarimizning ma`lum bir qismi o`qishni oliy o`quv yurtlarida davom ettiradi.

Bundan ko`rinib turibdiki, yoshlarimizning iqtisodiy mustaqillikka erishishlari ularning ma`lum qismi uchun 20-21, boshqalari uchun 23-25 yoshga to`g`ri keladi. Bundan tashqari, odamlarning turmush tarzi rivojlanishi bilan oilalarining kundalik hayoti o`zgarib, qiyinishga, maishiy buyumlarga, moddiy farovonlik darajasiga bo`lgan ehtiyoji ham ortib boradi[31].

Ijtimoiy-iqtisodiy rivojlanishi yuqori saviyada bo`lmagan jamiyatdagi oila a`zolari o`z oilaviy yumushlarining aksariyatini qo`lda bajaradilar. Bunga oilaning barcha a`zolari va birinchi navbatda farzandlar mumkin qadar ko`p jalb qilinadi. Oila ishlarini bajarishdagi umumiy faoliyat yoshlarda ma`lum malakalarni, shu jumladan, oiladagi tegishli vazifalarni bajarishni, oilada bir-birlari bilan muloqotda bo`lish malakalarini, har bir shaxsning ierarxik mavqeiga ko`ra o`z huquq va burchlarini aniqlab olishiga imkon beradi. Moddiy ta`minot, yuqori madaniy saviya esa oilada shaxsning shaxsga qo`ygan talabini yanada kuchaytiradi, oila a`zolarining o`zaro muloqotda bo`lish vaqti miqdorini qisqartiradi. Bu esa ota-onaning farzandlar uchun o`z oilasida namuna vazifasini bajara olmasligiga olib keladi[32]. Zero, bundan 100 yillar oldingi yoshlar 16-18 yoshida oila qurishsalar ham, shu vaqtga kelib oilaviy hayot uchun, muvaffaqiyatli turmush kechirib ketishlari uchun zarur bo`lgan yetuklik darajalarining barchasiga erishganlar, bu esa ularning oilaviy hayotlarida yuzaga kelishi mumkin bo`lgan muammolarning bartaraf etilishiga asos bo`lib xizmat qilgan.

---

[31] Акрамова Ф.А. «Юқори синф ўқувчилари тасаввурларида севги-муҳаббат ҳислари намоён бўлишининг ижтимоий ва этнопсихологик хусусиятлари». Психология фанлари номзоди илмий даражасини олиш учун ёзилган диссертация. Т.: 1997.

[32] Андреева Т.В. Семейная психология: Учеб. пособие. - СПб.: Речь, 2004. - 243 с.

Biz oilaviy hayotga psixologik tayyorgarlikning yoshga oid xususiyatlarini o`rganish uchun M. Yusupovning "Empatiya qobiliyatining rivojlanish darajasini aniqlash" so`rovnomasini, A.G. Maklakov va S.V. Chermyaninning "Moslashuvchanlik" shaxs so'rovnomasini, "Nikohdagi rol kutishlari va da'volar" (A.N.Volkova) metodini UrDU ning 1 va 4 bosqich talabalarida o`tkazdik.

I.M.Yusupovning empatiya darajasini o'rganish metodi natijalar tahlili
(Styudent T mezoni bo'yicha n=64)

1-jadval

Shkalalar	Kursi	N	O'rtacha qiymat	Standart og'ish	T	P
Ota-onaga	1-kurs	32	9,0625	2,69931	-2,667	,010**
	4-kurs	32	10,5625	1,68365		
Hayvonlarga	1-kurs	32	5,6563	2,71922	-,054	,957
	4-kurs	32	5,6875	1,87406		
Qariyalarga	1-kurs	32	6,0000	2,32795	-2,910	,005**
	4-kurs	32	7,4063	1,43368		
Bolalarga	1-kurs	32	7,7500	3,05857	1,095	,278
	4-kurs	32	6,9688	2,63334		
Badiiy qahramonlarga	1-kurs	32	9,7188	2,23223	3,986	,000**
	4-kurs	32	7,2500	2,70006		
Begonalarga	1-kurs	32	8,4063	2,86085	1,448	,153
	4-kurs	32	7,3750	2,83697		

Izoh: * - p<0,05; ** - p<0,01

Natijalar tahliliga ko'ra ota-onaga empatiya shkalasi bo'yicha 1-kurs va 4-kurs talabalari orasida ishonch darajasidagi tafovut aniqlandi (t=-2,667; p<0,01).

Ya'ni 4-kurs talabalarida ota-onaga empatiya 1-kurs talabalariga nisbatan yuqori bo'lar ekan. Bunda 4-kurs talabalarining oila qurishga tayyorgarlikning kuchayishi yoki ayrim talabalarda oilali bo'lish va ota-onalik rollarini egallash imkoniyatining ortishi bilan izohlashimiz mumkin.

Hayvonlarga nisbatan empatiya shkalasida 1-kurs va 4-kurs talabalari orasida ishonch darajasidagi tafovutlar kuzatilmadi (t=-,054; p>0,05).

Qariyalarga empatiya shkalasi bo'yicha 1-kurs va 4-kurs talabalari orasida ishonch darajasidagi tafovut kuzatildi (t=-2,910; p<0,01).

4-kurs talabalarida qariyalarga empatiya 1-kurs talabalariga qaraganda yuqori darajada bo'lar ekan. Bu ularning yosh xususiyatiga ham bog'liq bo'lib, ayni 4-kurs davri yetuklik davrining ilk bosqichiga to'g'ri keladi.

Bolalarga empatiya shkalasi bo'yicha 1-kurs va 4-kurs talabalari orasida ishonch darajasidagi tafovutlar kuzatilmadi (t=1,095; p>0,05).

Badiiy qahramonlarga empatiya shkalasida 1-kurs va 4-kurs talabalari orasida ishonch darajasidag tafovutlar kuzatildi (t=3,986; p<0,01). Badiiy qahramonlarga empatiya 1-kurs talabalarida 4-kurs talabalariga nisbatan ko'proq kuzatilar ekan. Ushbu holat ulardagi axloqiy ideallarning o'zgarishi va o'z shaxsiy xususiyatlarini qaror topdirishga intilish bilan ham bog'liq bo'lishi mumkin.

Begonalarga empatiya shkalasida 1-kurs va 4-kurs talabalari orasida ishonch darajasidagi tafovut kuzatilmadi (t=1,448; p>0,05).

Quyida diagrammada shkalalar bo'yicha 1-4-kurs talabalari o'rtasidagi ishonch darajasidagi tafovutlar keltirib o'tildi.

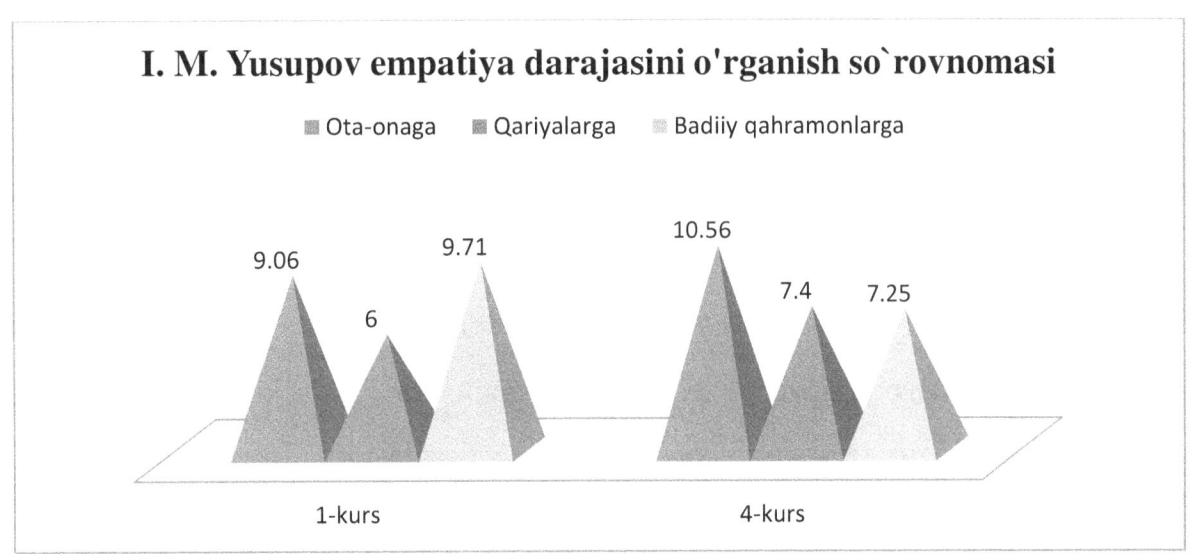

A.G.Maklakov va S.V.Chermyaninning "Moslashuvchanlik" shaxs so'rovnomasi natijalar tahlili (Styudent T mezoni bo'yicha n=64)

2-jadval

Shkalalar	Kursi	N	O'rtacha qiymat	Standart og'ish	T	P
Haqqoniylik	1-kurs	32	6,9375	2,27096	1,302	,198

shkalasi	4-kurs	32	6,0938	2,87772		
Xulqiy boshqaruv	1-kurs	32	21,1563	9,25311	-4,971	,000**
	4-kurs	32	32,7500	9,40487		
Kommunikativlik	1-kurs	32	13,5000	3,67204	,455	,651
	4-kurs	32	13,0625	4,01559		
Axloqiy norma	1-kurs	32	8,6563	2,35015	-,530	,598
	4-kurs	32	9,0000	2,81700		
Shaxsiy moslashuvchanlik	1-kurs	32	47,4688	11,94067	-2,288	,026*
	4-kurs	32	54,0313	10,98528		

Izoh: * - p<0,05; ** - p<0,01

Tadqiqotimizda 1-kurs va 4-kurs talabalarida o'tkazilgan A.G.Maklakov va S.V.Chermyaninning "Moslashuvchanlik" shaxs so'rovnomasi natijalar tahliliga ko'ra haqqoniylik shkalasi bo'yicha ishonch darajasidagi tafovutlar kuzatilmadi (t=1,302; p>0,05). Xulqiy boshqaruv shkalasi bo'yicha 1-4-kurs talabalari o'rtasidagi ishonch darajasidagi tafovutlar kuzatildi (t=-4,971; p<0,01).

Mazkur tahlildan ko'rishimiz mumkinki, 4-kurs talabalarida 1-kurs talabalariga qaraganda xulqiy boshqaruv, o'zini anglash, o'z-o'zini nazorat qilish xususiyati yuqori darajada bo'lar ekan.

Kommunikativlik shkalasi bo'yicha 1-kurs va 4-kurs talabalari orasida ishonch darajasidagi tafovutlar kuzatilmadi (t=,455; p>0,05).

Shuningdek, axloqiy norma shkalasi bo'yicha ham 1-kurs va 4-kurs talabalari orasida ishonch darajasidagi tafovutlar kuzatilmadi (t=-,530; p>0,05). shkalasi bo'yicha 1-kurs va 4-kurs talabalari orasida ishonch darajasidagi tafovutlar kuzatildi (t=-2,288; p<0,05).

Shaxsiy moslashuvchanlik xususiyati 1-kurs talabalariga qaraganda 4-kurs talabalarida yaxshi rivojlanganligini ko'rishimiz mumkin.

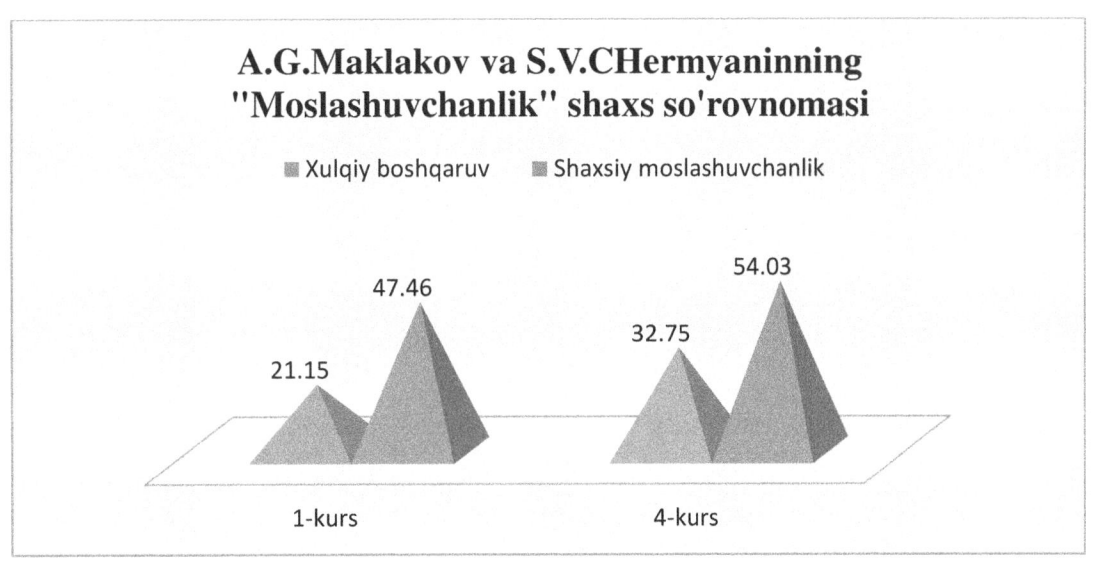

Nikohdagi rol kutishlari va da'volar (A.N.Volkova) metodi natijalar tahlili
(Styudent T mezoni bo'yicha n=64)

3-jadval

Shkalalar	Kursi	N	O'rtacha qiymat	Standart og'ish	T	P
Intim munosabat	1-kurs	32	4,6875	2,69333	2,011	,049*
	4-kurs	32	3,3125	2,77590		
Identifikatsiya	1-kurs	32	6,3750	1,79156	-1,122	,266
	4-kurs	32	6,9375	2,19879		
Turmush ishlariga oid	1-kurs	32	11,3750	2,94848	-2,834	,006**
	4-kurs	32	13,3438	2,59788		
Tarbiyaviy	1-kurs	32	13,7188	2,70286	,887	,378
	4-kurs	32	13,1563	2,35700		
Ijtimoiy faollik	1-kurs	32	15,4688	2,09430	3,075	,003**
	4-kurs	32	13,7500	2,36916		
Emotsional psixoterapevtik	1-kurs	32	14,4375	2,86173	1,248	,217
	4-kurs	32	13,5938	2,53822		
Tashqi namuna	1-kurs	32	11,9375	2,51367	-,134	,894
	4-kurs	32	12,0313	3,05313		

Izoh: * - p<0,05; ** - p<0,01

Nikohdagi rol kutishlari va da'volar (A.N.Volkova) metodi natijalar tahlilida intim munosabat shkalasi bo'yicha 1-kurs va 4-kurs talabalari orasida ishonch darajasidagi tafovutlar kuzatildi (t=2,011; p<0,05). Unga ko'ra 1-kurs talabalarida intim munosabatga qiziqish 4-kurs talabalariga nisbatan yuqori bo'lar ekan.

Identifikatsiya shkalasi bo'yicha 1-kurs va 4-kurs talabalari orasida ishonch darajasidagi tafovutlar kuzatilmadi (t=-1,122; p>0,05).

Turmush ishlariga oidlik shkalasi bo'yicha 1-kurs va 4-kurs talabalari orasida ishonch darajasidagi tafovutlar kuzatildi (t=-2,834; p<0,01). Turmush kutuvlariga tayyorgarlik, uy-ro'zg'or ishlarida faollik 4-kurs talabalarida 1-kurs talabalariga qaraganda yuqori bo'lar ekan. Ushbu holat ularning oilaviy hayotga tayyorgarligi bilan ham izohlanishi mumkin.

Tarbiyaviy shkala bo'yicha 1-kurs va 4-kurs talabalari orasida ishonch darajasidagi tafovutlar kuzatilmadi (t=,887; p>0,05). Har ikkala yosh guruhi uchun ham tarbiyaviylik darajasi bir xil holatda bo'lar ekan.

Ijtimoiy faollik shkalasi bo'yicha 1-kurs va 4-kurs talabalari orasida ahamiyatli darajadagi tafovutlar kuzatildi (t=3,075; p<0,01). Ya'ni ijtimoiy faollik 1-kurs talabalarida 4-kurs talabalariga nisbatan yuqori bo'lishi kuzatildi.

Bu xususiyat 1-kurs talabalarining yangi o'quv muhitiga, shaxslararo munosabatlarda yangi pozitsiyalarni egallash, rollar almashinuviga moslashish ehtiyoji hisobiga ham kuchayishi mumkin.

Emotsional psixoterapevtik shkala bo'yicha 1-kurs va 4-kurs talabalari orasida ishonch darajasidagi tafovutlar kuzatilmadi (t=1,248; p>0,05).

Tashqi namuna shkalasi bo'yicha ham 1-kurs va 4-kurs talabalari orasida ishonch darajasidagi tafovutlar kuzatilmadi (t=-,134; p>0,05).

Quyida diagrammada ishonch darajasidagi tafovutlar keltirib o'tildi.

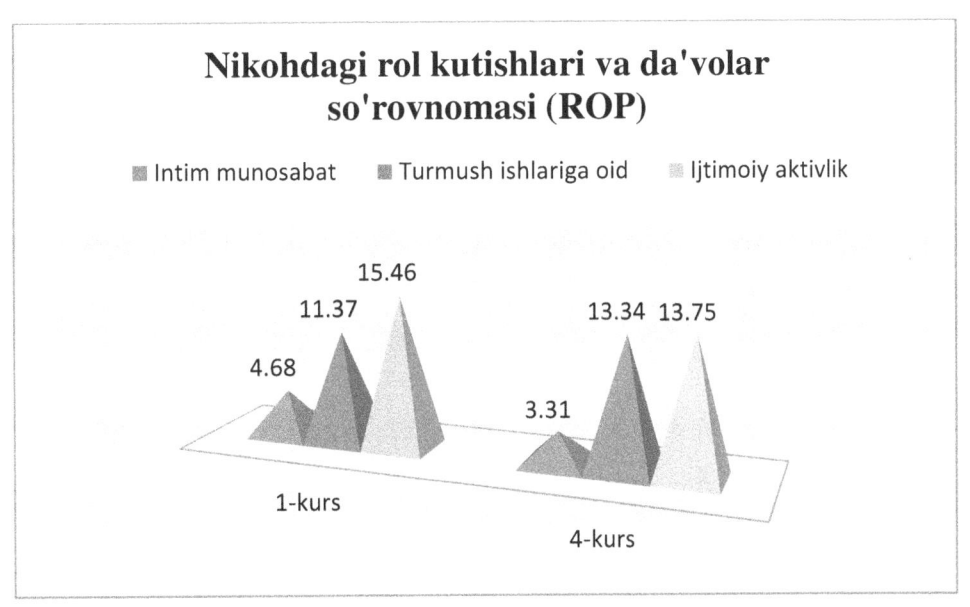

Nikohdagi rol kutishlari va da'volar (A.N.Volkova) va I.M.Yusupovning empatiya darajasini o'rganish metodlari korrelyatsion tahlili
(Pirson mezoni bo'yicha n=64)

4-jadval

Shkalalar	Ota-onaga	Hayvonlarga	Qariyalar-ga	Bolalar-ga	Badiiy qahramon-larga	Begona-larga
Intim munosabat	-,339**	-,120	-,025	-,113	-,037	-,130
Identifikatsiya	,090	,003	,098	-,069	,010	-,067
Turmush ishlariga oid	,256*	,364**	,060	,252*	-,026	,257*
Tarbiyaviy	,171	,222	,053	,147	,281*	,201
Ijtimoiy faollik	-,155	,152	-,174	,126	,395**	,061
Emotsional psixotera-pevtik	,147	,208	,107	,110	,152	,218
Tashqi namuna	,225	,118	,008	,069	,003	,133

Izoh: * - p<0,05; ** - p<0,01

Nikohdagi rol kutishlari va da'volar (A.N.Volkova) va I.M.Yusupovning empatiya darajasini o'rganish so'rovnomalari korrelyatsion tahliliga ko'ra intim munosabat va ota-onaga empatiya shkalalari orasida ishonch darajasidagi salbiy korrelyatsion bog'lanish kuzatildi (r=-,339; p<0,01).

Ya'ni intim munosabatga qiziqishning oshishi ota-onaga empatiyaning kamayishiga olib kelar ekan. Aksincha turmush ishlariga oid munosabatning kuchayishi ota-onaga empatiyaning ham oshishiga olib kelar ekan.

Fikrimiz dalili sifatida turmush ishlariga oid munosabat va ota-onaga empatiya shkalalari orasida ishonch darajasidagi ijobiy korrelyatsion bog'lanishni keltirish mumkin.

Shuningdek, turmush ishlariga oid munosabat va hayvonlarga empatiya shkalalari orasida (r=,364; p<0,01), turmush ishlariga oid munosabat va bolalarga empatiya shkalalari bo'yicha (r=,252; p<0,05), turmush ishlariga oid munosabat va begonalarga empatiya shkalalari orasida (r=,257; p<0,05) ham ishonch darajasidagi ijobiy korrelyatsion bog'lanishlarni kuzatishimiz mumkin.

Ushbu tahlilni izohlashda o'zbek oilalarida ko'p bo'g'inli oila shaklida istiqomat qilish, bolalarni sevish (ko'p bolalik omili) va mehmondo'stlik munosabatlarining chuqurligi (begonalarga empatiya misolida) orqali tushuntirishimiz mumkin.

Tarbiyaviy va badiiy qahramonlarga empatiya shkalalari orasida ham ishonch darajasidagi ijobiy korrelyatsion bog'lanish kuzatildi (r=,281; p<0,05).

Ijtimoiy faollik va badiiy qahramonlarga empatiya shkalalari orasida ham ishonch darajasidagi ijobiy korrelyatsion bog'lanish kuzatildi (r=,395; p<0,01).

Nikohdagi rol kutishlari va da'volar (A.N.Volkova) va A.G.Maklakov va S.V.CHermyaninning "Moslashuvchanlik" shaxs so'rovnomalari korrelyatsion tahlili (Pirson mezoni bo'yicha n=64)

5-jadval

Shkalalar	Haqqoniy-lik	Xulqiy boshqaruv	Kommunikativlik	Axloqiy norma	Shaxsiy moslashuv-chanlik
Intim munosabat	-,115	-,103	,280*	-,015	,035
Identifikatsiya	-,193	,224	,250*	,203	,298*
Turmush ishlariga oid	-,018	,142	-,049	,212	,070
Tarbiyaviy	-,167	-,009	,176	,206	,262*
Ijtimoiy faollik	-,087	-,159	-,012	-,055	,128
Emotsional psixotera-pevtik	-,071	-,084	,195	,195	,262*
Tashqi namuna	-,260*	,120	,214	,288*	,305*

Izoh: * - p<0,05

Nikohdagi rol kutishlari va da'volar (A.N.Volkova) va A.G.Maklakov va S.V.CHermyaninning "Moslashuvchanlik" shaxs so'rovnomalari natijalari tahliliga ko'ra intim munosabat va kommunikativlik shkalalari orasida ijobiy korrelyatsion bog'liqlik kuzatildi (r=,280; p<0,05).

Shaxslararo munosabatda kommunikativlikning oshishi ularda intim munosabatga bo'lgan qiziqishni ham oshishiga olib kelishi mumkin.

Identifikatsiya va kommunikativlik shkalalari orasida ijobiy korrelyatsion bog'liqlik (r=,250; p<0,05) va identifikatsiya va shaxsiy moslashuvchanlik shkalalari orasida ham musbat ishorali korrelyatsion bog'liqlik kuzatildi (r=,298; p<0,05).

Shaxsning boshqalar bilan bo'ladigan munosabatda to'g'ri identifikatsiya qila olish xususiyati uning kommunikativlik qobiliyati bilan bog'liq bo'lar ekan. Ya'ni muloqotchanlik shaxslararo munosabatga kirishishda va ularni tushunishda yaqindan yordam berishi mumkin ekan. Shuningdek, identifikatsiya uchun muloqotdan foydalanilsa, bu ularda shaxsiy moslashuvchanlik ko'nikmasini ham oshirishi mumkin ekan.

Tarbiyaviylik va shaxsiy moslashuvchanlik shkalalari orasida ijobiy korrelyatsion bog'liqlik kuzatildi (r=,262; p<0,05). Shaxs tarbiyalanganlik darajasi uning moslashuvchanlik xususiyatini ortishiga xizmat qilar ekan.

Emotsional psixoterapevtik va shaxsiy moslashuvchanlik shkalalari orasida ijobiy korrelyatsion bog'liqlik kuzatildi (r=,262; p<0,05). Shaxs xulqidagi emotsional psixoterapevtik xususiyat uning moslashuvchanlik ko'nikmasining rivojlanishiga olib kelar ekan.

Tashqi namuna va haqqoniylik shkalalari orasida ishonch darajasidagi manfiy munosabat kuzatildi (r=-,260; p<0,05).

Tashqi namuna va axloqiy norma shkalalari orasida ijobiy korrelyatsion bog'liqlik (r=,288; p<0,05) va tashqi namuna hamda shaxsiy moslashuvchanlik shkalalari orasida ham ishonch darajasidagi ijobiy korrelyatsion bog'liqlik kuzatildi (r=,305; p<0,05). Shaxs tashqi namuna asosida axloqiy norma qoidalarini egallay boshlaydi. Shuningdek, tashqi namunaga ko'ra shaxsning moslashuvchanlik xususiyatini o'zida namoyon eta olishi mumkin.

Xulosa

- Nikohga etuklik tushunchasi oʻta murakkab va nisbiy tushunchadir. Chunki odam rivojlanib, takomillashib boruvchi, oʻz maʼnaviy, axloqiy rivojida muntazam ravishda yangiliklarni oʻziga singdiruvchi mavju-dotdir. Kishining etukligi, ayniqsa, oilaviy hayotga etukligi masalasida fikr yuritilganda, bu tushunchadan bir shartli oʻlchov sifatidagina foydalaniladi.

- Nikohga etuklik deyilganda, oila quruvchi yoshlarning jismoniy (fiziologik), jinsiy, huquqiy, iqtisodiy, maʼ naviy-axloqiy, psixologik kabi etuklik jihatlarini farqlash mumkin. Bularning orasida esa jinsiy, huquqiy etuklik koʻrsatkichlari aniq alomatlarga ega boʻlsa, iqtisodiy, psixologik, maʼnaviy-axloqiy jihatlar qatʼiy bir koʻrsatkich bilan belgilanmaydi.

- Shaxsning jinsiy etukligi unda balog'atga o'tish alomatlarining kuzatilishi, ikkilamchi jinsiy belgilarning keskin darajada namoyon bo'lishi bilan, ichki sekretsiya bezlarining faollashuvi bilan xarakterlanadi. SHaxsning psixologik etukligi deb esa, uning turli hayotiy vaziyatlar va sharoitlarni hushyor baholay olishida namoyon bo'ladi. Yoshlarda kuzatiladigan psixologik etuklik shaxs ning boshqalarga nisbatan bo'lgan ijobiy munosabatlari: hamdardlik, hamfikrlilik, o'zaro yordam kabi-lar tarzida namoyon bo'la oladigan ma'naviy sifatlarini ham bildiradi. Yoshlar oila qurayotganlarida bu xususiyatlar hal qiluvchi bo'lib hisoblanadi.

- Oilaviy hayot insonning hayot faoliyatining muhim sohasi sifatida namoyon bo'ladi, uning hayoti sifatini umuman olganda belgilab berib, shaxs sifatida rivojlanishini xarakatga keltiruvchi kuch sifatida maydonga chiqadi. Mazkur tadqiqot doirasida, oilaviy hayot deganda yashash joyining, turmushining, qiziqishlarining, xis-tuyg'ularining umumiyligi, umumiy farovonlik va gullab-yashnash yo'lidagi intilishlarining umumiyligi bilan xarakterlanadigan oila a'zolari (nikohdagi sheriklar, farzandlar, qarindoshlar) o'rtasidagi alohida munosabatlar va aloqalarning murakkab, ko'p qirrali tizimini tushunish nazarda tutiladi.

- Badiiy qahramonlarga empatiya 1-kurs talabalarida 4-kurs talabalariga nisbatan yuqori bo`lib, shaxsiy moslashuvchanlik, ijtimoiy faollik xususiyati yaxshi rivojlanganligi aniqlandi. Ushbu holat ulardagi axloqiy ideallarning o'zgarishi va o'z shaxsiy xususiyatlarini qaror topdirishga intilish yo`lida oila qurishga psixologik jihatdan to`la tayyor emasligi bilan ham bog'liq bo'lishi mumkin.

- 4 kurs talabalarida 1-kurs talabalariga nisbatan ota-onaga, qariyalarga empatiya, yuqori bo'lib, xulqiy boshqaruv, o'zini anglash, o'z-o'zini nazorat qilish xususiyati ham yuqori darajada rivollanganligi aniqlandi. Bu esa 4-kurs talabalarining oila qurishga tayyorgarlik darasi yosh bilan bevosita bog`liqligini ko`rsatadi.

- Turmush kutuvlariga tayyorgarlik, uy-ro'zg'or ishlarida faollik 4-kurs talabalarida 1-kurs talabalariga qaraganda yuqori bo'lib, ushbu holat ularning oilaviy hayotga tayyorgarligi bilan ham izohlanishi mumkin.

Foydalanilgan adabiyotlar

1. Alimova G., Akramova F. Erta nikoh oqibatlari (mahalla maslahatchilari, amaliyotchi psixologlar uchun qoʻllanma). – T., 2014. –23-b.
2. Алешина Ю.Е. Индивидуальное и семейное психологическое консультирование. Изд. 2-е. – М.: Независимая фирма «Класс», 1999. –С. 208.
3. Акрамова Ф.А. «Юқори синф ўқувчилари тасаввурларида севги-муҳаббат ҳислари намоён бўлишининг ижтимоий ва этнопсихологик хусусиятлари». Психология фанлари номзоди илмий даражасини олиш учун ёзилган диссертация.Т.: 1997.
4. Андреева Т.В. Семейная психология: Учеб. пособие. - СПб.: Речь,2004. - 243 с.
5. Бердникова Ю.Л. Семейная жизнь на 5-. Санкт- Петербург: Наука и техника, 2008. - 223 с.

6. Бодалев А.А., Столин В.В. Семья в психологической консультации. – М.: 1989.

7. Бўриев Очил. Ўзбек оиласи тарихидан. – Т.: Ўқитувчи, 1995. – 128 б.

8. Векилова С.А. Психология семейных отношений: Конспект лекций.М.: Изд-во АСТ; СПб. СОВА, 2005. - 127 с.

9. Гребенников И.В. Основы семейной жизни учеб. пособие для студентов пед. ин-тов / И.В. Гребенников - М.: Просвещение, - 2010. 140 с.

10. Гозман Л.Я. Психология эмоциональных отношений. – М.: 1987.

11. Иноятов М. Оила, ижод, тарбия ва маънавият. – Т.: Шарқ, 2000. – 111 б.

12. Karimova V.M. Oʻzbek yoshlarida oila toʻgʻrisidagi ijtimoiy tasavvurlar shakllanishi: Psixol. fan. dok. dis.: 19.00.05. – T.: FarDU, 1994.

13. Karimova V.M. Oila psixologiyasi . Darslik – T.: «Oʻqituvchi» , 2007. –316 b.

14. Кочетов А.И. Начало семейной жизни: отношения полов / А.И. Кочетов, А.А. Логинов. - Минск: Полымя, 2005. - 148 с.

15. Красавина Е.В. Социальная адаптация молодежи в современном обществе: особенности и специфика / Е.В. Красавина. - Новочеркасск: Новочеркасский политехнический институт, 2005. - 20 с.

16. Краснова М.Н. Проблема ребенка в современной молодой семье //Семья в России. - М.; Чебоксары, 2001. - № 1. - С. 33-41.

17. Крюкова Г.Л. Саиоровская М.В., Куфтяк Е.В. Психология семьи, жизненные трудности и совладение с ними. - СПб., Речь, 2005. - 240 с.

18. Lutfullaeva N.X. Turmush qurgan talabalarning oilaviy munosabatlarga tayyorligining ijtimoiy psixologik xususiyatlari: Psixol. fan. nom. dis. avtoreferati: 19.00.05. – T.: OʻzMU, 2006. –25 b.

19. Oila psixologiyasi. // Shoumarov Gʻ.B. tahriri ostida. – T.: 2000. -272-b.

20. Сафина Н.Х. Особенности супружеских отношений на различных этапах становления молодой семьи: Дис. канд. психол. наук: 19.00.13, 19.00.05. – Казань: КазГУ, 2004. –С. 191.

21. Салаева М.С. Ўзбек оилаларида ота-она ва фарзандлар ўзаро муносабатларининг ижтимоий-психологик хусусиятлари: Дис.

психол.фан.ном. 19.00.05. – Т.: 2005.

22. Saifnazarova F. O'zbek oilasi: ijtimoiy va ma'naviy qadriyatlar. Monografiya. – T.: «Yurist-media markazi», 2007. –128 b.

23. Sog'inov N.A., Xabibullaev X. Oilani o'rganish psixologik testlari to'plami. – T., 1996. –34 b.

24. Sorokina T.Yu. Osobennosti brachno-semeуnыx ustanovok studencheskoy molode-ji: Dis. kand. psixol. nauk: 19.00.05. – Samara: SamGPU, 2007. –S. 240.

25. Umarova M.M. O'smirlarda oilaviy qadriyatlar to'g'risidagi tasavvurlar shakllanishining ijtimoiy psixologik shart-sharoitlari. Psixol. fan. nom. dis. avtorefe-rati: 19.00.05. – T.: O'zMU, 2004. –27 b.

26. Fayzieva M.X. Oila barqarorligiga shaxslararo munosabatlar ta'sirining ijtimoiy-psixologik xususiyatlari (Er-xotin misolida). Psixol. fan. nom. dis. avtoreferati: 19.00.05. – T.: O'zMU, 2005. –25 b.

27. Фарзанд – азиз, она – мўътабар / Таҳрир ҳайъати В.Каримова ва бошқалар – Т.: Ўзбекистон, 2001 – 204 б.

28. Shoumarov G'.B., Shoumarov Sh.B. Muhabbat va oila. – T., 1994. –120 b.

29. Шнайдер Л.Б. Основы семейной психологии: Учебное пособие.- М.: изд-во Московского психолого-социального института; Воронеж: изд-во НПО «МОДЭК», 2003 – 928 с.

30. G'oziev E. Psixologiya (Yosh davrlari psixologiyasi). / Pedagogika institutlari va universitetlari uchun o'quv qo'llanma. – T.: «O'qituvchi», 1994. –224 b.

www.ingramcontent.com/pod-product-compliance
Lightning Source LLC
LaVergne TN
LVHW080355070526
838199LV00059B/3814